MORGAN DAIMLER

DIE MORRÍGAN

Hohe Königin und Schicksalsgöttin Irlands, Beschützerin des Feenvolkes

Aus dem Amerikanischen
von Thomas Görden

Besuchen Sie unseren Shop:
www.AmraVerlag.de

Unsere 80-Minuten-Gratis-CD erwartet Sie.
Unser Geschenk an Sie … einfach anfordern!

Amerikanische Originalausgabe:
The Morrigan. Meeting the Great Queens

Deutsche Erstausgabe im AMRA Verlag
Auf der Reitbahn 8, D-63452 Hanau
Hotline: + 49 (0) 61 81 – 18 93 92
Service: Info@AmraVerlag.de

Herausgeber & Lektor	Michael Nagula
Einbandgestaltung	Guter Punkt
Layout & Satz	Birgit Letsch
Druck	CPI books GmbH

ISBN Printausgabe 978-3-95447-438-7
ISBN eBook 978-3-95447-439-4

Inhalt

Der Göttin Macha gewidmet,
deren Dienerin ich bin –
möge ich dir stets gut dienen.

~

Dieses Buch ist für alle geschrieben,
die von der Morrígan fasziniert sind
und einen Weg zu ihr suchen.

Einige Worte vorab

Es gibt bereits einige sehr gute Bücher über die Morrígan. Die meisten von ihnen sind akademischer Natur, und manche lassen sich wegen ihres hohen Preises oder Alters nur schwer beschaffen. Menschen, die sich zu dieser immer beliebter werdenden, aber oft rätselhaften Göttin hingezogen fühlen, geraten in eine Zwickmühle; einerseits gibt es umfangreiche, in die Tiefe gehende, doch leider nur schwer erhältliche Bücher, andererseits kursieren im Internet kurze, leicht verständliche Texte von zweifelhafter Qualität. Dieses Buch füllt die Lücke, indem es solide, wissenschaftlich fundierte Informationen über die Morrígan mit Anekdoten von Begegnungen mit dieser Göttin verbindet – in einem zugänglichen, leicht lesbaren Format. Es soll als grundlegende Einführung in die Welt der Morrígan und mehrerer Göttinnen dienen, die nahe mit ihr verwandt sind. Zugleich ist es als Brücke gedacht, die den Leserinnen und Lesern den Zugang zu den umfangreicheren wissenschaftlichen Veröffentlichungen erleichtert.

Die zahlreichen Quellen, die ich in diesem Buch zitiere, habe ich sorgfältig dokumentiert. Ich besitze einen Studienabschluss in Psychologie und bevorzuge daher die APA-Zitiermethode, bei der direkt nach dem Zitat in Klammern der Nachname des Autors und das Erscheinungsjahr angegeben werden. Weitere Informationen zum zitierten Werk sind dann in der Bibliografie am Ende des Buches angeführt. Ich mag diese Methode und verwende sie lieber als Fußnoten oder andere Zitiermethoden.

Dieses Buch kann durchaus für sich allein stehen und genutzt werden, aber ich hoffe, dass die Leserinnen und Leser idealerweise dazu angeregt werden, mehr erfahren zu wollen und ihre Suche fortzusetzen. Hierzu finden sie Quellenangaben und weiterführende Literatur in der Bibliografie. Die Bücher, die ich dort empfehle, bieten zahlreiche Anregungen und Interpretationen für die Beschäftigung mit der Morrígan.

Ich denke nicht, dass der Bezugsrahmen, den wir für unsere religiöse Praxis wählen, entscheidend ist. Viel wichtiger erscheint mir, dass wir uns die Mühe machen, die alten Götter in die moderne Welt zurückzuholen und sie auf eine Art zu verehren, die respektvoll mit der historischen Überlieferung umgeht. Dafür ist es nicht nötig, einer speziellen Religion zu folgen, sei es der Rekonstruktionismus, also die Rekonstruktion alter Praktiken, Wicca oder das keltische Neuheidentum, solange wir mit aufrichtigem Herzen und guten Absichten zu den Göttern kommen. Entsprechend hatte ich beim Verfassen dieses Büchleins über den generellen Polytheismus hinaus keinen bestimmten religiösen Glauben im Sinn. Es bleibt ganz Ihnen überlassen, den Leserinnen und Lesern, selbst zu entscheiden, wie Sie das hier präsentierte Material nutzen und in

Ihre Weltsicht integrieren. Allerdings ist mein persönlicher religiöser Weg der Rekonstruierende Polytheismus, und manche Ansichten, die ich in diesem Buch äußere, sind unvermeidlich etwas davon eingefärbt.

Ich bin seit 1991 irische Heidin, und die Morrígan verehre ich aktiv etwa seit dem Jahr 2000. Als Priesterin der Göttin Macha, die oft als eine der Morrígans bezeichnet wird, kann ich mit Gewissheit sagen, dass der Weg der Macha kein leichter ist und alle, die ihn beschreiten, dazu herausfordert, ständig hinzuzulernen und sich weiterzuentwickeln.

Jedes Kapitel im vorliegenden Buch enthält übrigens einen kleinen Abschnitt, in dem ich von meinen eigenen Erfahrungen mit der Morrígan berichte, denn ich möchte zeigen, dass sie eine aktive Kraft in der heutigen Welt ist und wie wir sie ehren können, und zwar über die Grenzen unterschiedlicher Glaubensrichtungen hinweg. Für manche Menschen mag dieses Buch dadurch zum ersten Schritt einer lebenslangen Reise werden. Andere wird der Ruf der Morrígan nicht so intensiv erreichen, aber sie werden dennoch zu einigen wertvollen Erkenntnissen gelangen, und sei es nur ein größeres Wissen über diese Göttin, ihre Geschichte und moderne auf sie bezogene Glaubensvorstellungen und Praktiken.

Einführung
Auf schattigen Flügeln

Die Morrígan spielte von jeher eine wichtige Rolle in der irischen Mythologie. Sie spricht zu uns aus alten Sagen und Legenden, den Erzählungen der traditionellen Geschichtenerzähler und aus modernen Liedern. Sie kommt auf schattigen Flügeln zu uns, in der stillen Dunkelheit und in den schemenhaften Bildern unserer Träume. Wir hören ihre Stimme im Pochen unseres eigenen Herzschlags, im Schrei des Raben und im wilden Wind. Diese Göttin besitzt große Macht, doch jene, die sich zu ihr hingezogen fühlen, machen die Erfahrung, dass sie oft schwer zu begreifen ist. Sie ist auch in der heutigen Welt sehr aktiv.

Wenn wir zum ersten Mal den Ruf der Morrígan spüren, sehen wir uns einem verwirrenden Angebot von Büchern und Internet-Quellen gegenüber, die alle behaupten, uns vermitteln zu können, wer sie war und ist. Es wird aber schnell deutlich, dass die Wahrheit über die Morrígan sich nicht so leicht erschließt. Moderne Annäherungsversuche an diese uralte Göttin kümmern sich oft wenig um historische Erkenntnisse;

umgekehrt sind ältere, traditionelle Informationen schwerer zu finden und zu verstehen. Manche Autoren betonen die persönliche Erfahrung zu sehr, während andere diese völlig ignorieren. Idealerweise sollten moderne Sucher anstreben, eine Balance zwischen diesen Extremen zu finden.

Wenn wir versuchen, die Morrígan zu studieren, sehen wir uns mehreren Herausforderungen gegenüber. Erstens lässt sich nur schwer herausfinden, was der Name wirklich bedeutet, weil es darauf keine eindeutige Antwort gibt. Als Nächstes müssen wir uns klarmachen, dass Morrígan als Name verwendet wird, als Titel und als Begriff gleichermaßen. Daher gibt es Geschichten über die Morrígan – auch über die drei Morrignae oder Morrígans –, und ebenso Geschichten, die von Göttinnen handeln, welche in bestimmten Zusammenhängen mit dem Titel Morrígan bezeichnet werden, und obendrein noch Geschichten von übernatürlichen Wesen, die man mit dem Gattungsbegriff Morrígan benennt. Suchende bekommen es daher mit einem umfangreichen Schatz an oft widersprüchlichen traditionellen Überlieferungen zu tun und mit altirischen Konzepten, die anders zu verstehen sind, als wir es heutzutage gemeinhin tun, weil sie aus einem anderen kulturellen Kontext kommen. Mit diesen Schwierigkeiten müssen wir uns gleich zu Anfang auseinandersetzen, um herauszufinden, was die Morrígan früher eigentlich war und wie wir sie heute in einem modernen Bezugsrahmen begreifen können.

Schauen wir uns zuerst an, welche Bedeutungen ihr Name hat und was uns das über das Wesen dieser Göttin verrät. Die

Herkunft des Namens Morrígan ist umstritten, aber die heute führende Theorie besagt, dass er in etwa Königin der Albträume bedeutet – oft auch als Phantom- oder Geisterkönigin interpretiert. Andere bevorzugen weiterhin die einst beliebte Deutung des Namens als »große Königin«. Dieser Bedeutungsunterschied hängt davon ab, ob die erste Silbe des Namens mit oder ohne Fada (einem im Irischen gebräuchlichen Längenzeichen) geschrieben wird: Mor oder Mór. Für *Mor* ist allgemein eine Bedeutung akzeptiert, die eine Verwandtschaft zum althochdeutschen »mara« und dem angelsächsischen »maere« annimmt, was »Albtraum« bedeutet, ähnlich dem englischen Begriff *nightmare* und dem deutschen Begriff *Nachtmahr*. Mit Akzent, *Mór*, bedeutet die Silbe »großartig, groß« (*eDIL*, o.J.). Einer anderen Theorie zufolge ist *mor* mit dem indoeuropäischen Wort »móros« verwandt, das mit »Tod« übersetzt wird, was die Morrígan zur Königin der Toten oder Erschlagenen macht (Gulermovich Epstein, 1998). Der zweite Wortteil, *rígan* oder *rigan*, bedeutet Königin oder edle Dame (*eDIL*, o.J.). Leider lässt sich nicht mit Sicherheit sagen, was die ursprüngliche Bedeutung war. Wir wissen aber, dass der Name im Altirischen *Morrigan* geschrieben wurde, was nahelegt, ihn mit »Königin der Albträume« zu übersetzen. In der mittelirischen Periode war *Mórrígan* üblich und damit die Bedeutung »große Königin«. Wenn wir all das zusammennehmen, erkennen wir, dass ihr Name Geisterkönigin, große Königin, Meereskönigin oder Königin der Erschlagenen bedeuten kann und dass *all* diese Namen darauf hinweisen, wer sie ist und was sie tut.

Der Name Morrígan wird nicht nur für eine bestimmte Göttin verwendet, sondern auch für ihre beiden Schwestern: Badb und Macha. Selbst die Göttinnen Fea und Nemain werden manchmal Morrígan genannt und können mit der zuvor genannten Morrígan ausgetauscht werden, um die verschiedenen Morrígan-Triaden zu bilden. Persönlich ziehe ich es vor, die drei Morrígans als Badb, Macha und Morrigu anzusehen, und ich bin bereit, Anand als Name für die Morrígan zu akzeptieren (darauf werde ich in Kapitel 1 ausführlich eingehen). Manchmal lässt sich nur schwer sagen, ob die individuelle Göttin gemeint ist, die den Titel häufig als ihren Eigennamen benutzt, oder ob von einer Göttin die Rede ist, die als Titel die Bezeichnung Morrígan führt. Hin und wieder lässt sich das aus dem Zusammenhang erschließen, in anderen Fällen jedoch können wir nur Vermutungen anstellen, und nicht einmal die Wissenschaftler sind sich in jedem Fall einig. Zusätzlich verkompliziert wird die Angelegenheit noch dadurch, dass das Wort Morrígan manchmal auch als Übersetzung des griechischen Wortes »lamia« benutzt wurde und in manchen Quellen »Gespenster« bedeutet (Gulermovich Epstein, 1998). Deshalb empfiehlt es sich, bei der Lektüre älterer Texte mit der Interpretation des Namens Morrígan vorsichtig zu sein, solange der Zusammenhang nicht klar ersichtlich ist.

Ein weiteres Problem, mit dem wir uns bei der Beschäftigung mit den historischen Texten auseinandersetzen müssen, besteht darin, dass diese alten Quellen sich häufig widersprechen, was die Geschichten über die Morrígan (und andere Göttinnen und

Götter) angeht. Bei so gut wie keiner Geschichte finden sich miteinander übereinstimmende Versionen. Stattdessen existieren zahlreiche, im Detail sehr verschiedene Versionen, manchmal als Bearbeitungen [engl. »redactions«] bezeichnet. Etwas, das in einer Version gewiss erscheint, kann in einer anderen fehlen, oder es findet sich dort eine dazu in völligem Widerspruch stehende Darstellung. Keiner der Texte sollte als die definitive Version betrachtet werden. Vielmehr muss man möglichst alle Bearbeitungen lesen und dann entscheiden, bei welchen Informationen es die größten Übereinstimmungen gibt. In der Mythologie und den Volksmärchen Irlands ist *nichts* einfach und eindeutig, weder die Genealogien noch die Handlungsstränge der Erzählungen, und oft wird das Bild um so verwirrender, je tiefer wir in die Materie einsteigen.

Zu guter Letzt gibt es bei der Beschäftigung mit der Morrígan als irische Kriegsgöttin ein durch und durch modernes Problem: Wir heutigen Menschen verstehen oft nicht, welche Vorstellung vom Krieg die alten Iren hatten und was entsprechend für sie eine Kriegsgöttin war. Unsere modernen Kriege haben wenig mit diesen alten Schlachten gemein, und unsere Gesellschaft ist völlig anderes strukturiert. Zwar sind Kriege bis heute eine blutige, gefährliche Angelegenheit und werden es auch immer bleiben, aber für die alten Iren ging es dabei oft um Viehdiebstähle, an denen kleine Gruppen von Kriegern beteiligt waren, nicht die großen Armeen, die wir uns vorstellen, wenn wir heute von Krieg sprechen. Schlachten wurden auf streng geregelte, ehrenhafte Weise geschlagen, oft im gleichberechtigten Kampf Mann gegen Mann oder von Heeren, bei denen auf Zahlengleichheit geachtet wurde. Das wird in den alten Erzählungen immer wieder betont.

In ihrer Dissertation *War Goddess: The Morrígan and her Germano-Celtic counterparts* beschreibt Gulermovich Epstein die Elemente irischer Kriegsführung so: Weissagung vor der Schlacht, Aufstachelung der Krieger, drohendes Schreien und Lärmen, sofortige direkte Attacke, Blutrausch, Verkündigung des Sieges (Gulermovich Epstein, 1998). Alles das sind typische Merkmale für die Beteiligung der Morrígan am Kriegswesen und zeigt, wie diese Göttin eine Verkörperung der irischen Art der Kriegsführung war. Die Morrígan ist in der Tat eine Kriegsgöttin, aber ihre Kriege werden Mann gegen Mann geführt – Schwert gegen Schwert. Es kommt auf das Können des einzelnen Kriegers an, Schlauheit und List beim Viehdiebstahl, Tapferkeit und Siegeswillen.

Sich der Morrígan anzunähern, sie zu verstehen, braucht Zeit. Wir müssen uns nicht nur mit der Morrigu selbst beschäftigen, sondern auch mit den einzelnen Göttinnen, die Morrígan genannt werden. Es gilt, ihre jeweiligen Rollen in der Mythologie und die Bedeutung der Gestalten zu begreifen, in denen die Morrígan erscheinen kann. Und wir müssen verstehen, wie die vielen historischen Informationen sich in die moderne Verehrung dieser Göttin integrieren lassen und den Platz formen, den die Morrígan in der modernen Welt einnimmt.

1

Morrigu – Göttin der Schlachten

> »Badb, Macha und die Größte des Reichtums,
> Morrigu: Quellen des Könnens,
> Ursprung bitterer Kämpfe,
> waren die drei Töchter der Ernmas.«
> (Macalister, 1941)

Morrígan ist ein Titel, aber auch ein Personenname, dem gewöhnlich der bestimmte Artikel vorangestellt wird. Er erscheint in verschiedenen Formen, unter anderem Morrigu, Morrigna und Morrighan; die moderne irische Variante ist Mórríoghain. Sind alle drei Göttinnen gemeint, die gemeinsam den Titel Morrígan tragen, ist von den Morrignae die Rede, aber zur Vereinfachung werde ich in diesem Buch dann einfach die Bezeichnung »die Morrígans« verwenden.

HISTORISCHE QUELLEN

Im *Lebor Gabala Erenn* erfahren wir: »Delbaeth … hat drei Töchter, die berühmten Kriegsfurien Badb, Macha und Mórrígu. Letztere wird manchmal Anand oder Danand genannt.« (Macalister, 1941) Diesem Text zufolge ist sie die Tochter der Ernmas: »Ernmas hat andere Töchter, Badb und

Macha und Mórrígu, die den Namen Anand trägt.« (Maca-lister, 1941) Ihre Mutter Ernma wird als Bäuerin und Zau-berin der Túatha Dé Danann beschrieben, und der Vater der Morrígan, Delbaeth, ist einer der Götterkönige. Durch ihre Eltern besteht also eine Verbindung zu verschiedenen Aspek-ten von Herrschaft und Magie. Auch erfahren wir, dass Badb und Macha ihre Schwestern sind, die in verschiedenen Quellen ebenfalls als Morrígan bezeichnet werden, und alle zusammen heißen trí Morrignae, die drei Morrígans. Es gibt noch drei weitere Schwestern: Banba, Fotla und Eriu, die drei Souveränitäts-Göttinnen Irlands.

Im *Lebor Gabala Erenn* lesen wir, dass die Morrígan eigentlich Anand oder Danand geheißen haben könnte (oder Anu oder Danu).[1] Tatsächlich werden für sie in verschiedenen Teilen des Textes diese beiden Namen verwendet. Zum Beispiel wird sie in Vers 62 als eine der Schwestern von Badb und Macha erwähnt: »Badb, Macha und Anand, von der die Brüste der Anu in Luachar stammen, waren die drei Töchter der Bäuerin Ernmas.« (Maca-lister, 1941) Neben der Bezeichnung Anu wird die Morrígan manchmal auch Áine genannt, von der in einem späteren Kapitel noch die Rede sein wird (Berresford Ellis, 1987; Jones, 2009). Die Verbindung zu Danu beruht auf der Vorstellung, dass es sich bei Anu und Danu um dieselbe Göttin handelt; das würde sie zur Urmutter oder Matriarchin der Túatha Dé Danann machen. Im *Lebor Gabala Erenn* findet sich folgende Stelle: »Die Morrigu, Tochter Delbaeths, war die Mutter von Brian, Iucharba und Iuchair, den anderen Söhnen Delbaeths: Der zusätzliche Name der Morrigu lautete ›Danann‹, und danach sind die Brüste der Ana in Luachair benannt, und ebenso die Túatha Dé Danann.« (Macalister, 1941).

Allerdings werden in vielen Quellen, unter anderem im *Cath Maige Tuired*, die Morrígan und Danand als unterschiedliche Personen gelistet, was es unwahrscheinlich macht, dass Danu oder Danand eine der drei Morrígans sein könnte. Tatsächlich ist Danand laut einer Version des *Lebor Gabala Erenn* kein Kind der Ernmas, sondern Tochter der Göttin Flidais (Macalister, 1941). Der Beweis, dass es sich bei der Morrigu um Anu oder Anand handelt, ist wesentlich überzeugender. Allerdings ist Anu eine ziemlich mysteriöse Göttin; dem *Sanas Cormaic* zufolge ist sie, Anand, die Mutter der Götter Irlands (Jones, 2009). Dass Anand der Name der Morrigu ist, erscheint wahrscheinlich, während ich ihre Verbindung zu Danand weit weniger überzeugend finde, unter anderem weil Anand und Danand sehr unterschiedliche Bedeutungen haben. Der erste Name bedeutet »Fülle«, der zweite »Fließen«. Daher halte ich es für wesentlich wahrscheinlicher, dass es sich um zwei verschiedene Göttinnen handelt, die man später wegen ihrer Namensähnlichkeit vereinte. Auch lassen sich meiner Meinung nach manche Namensvarianten und Verwechslungen damit erklären, dass bei der späteren schriftlichen Aufzeichnung der Erzählungen unterschiedliche regionale Glaubensvorstellungen und -praktiken miteinander verschmolzen wurden.

VERWANDTSCHAFTLICHE BEZIEHUNGEN

Manchmal liest man, die Morrigu sei die Ehefrau des Dagda. Im *Buch von Lecan* erfahren wir: »Anand .i. in Morrígan … bean aile do'n Dagda«, übersetzt: »Anand, das ist die Morrígan … sie ist die Frau des Dagda.« (Heidja, 2007) Es heißt von ihr, der Dagda hätte mit ihr die Tochter Adair gezeugt, und sie hätte außerdem, mit einem oder mehreren namentlich nicht genannten Vätern, 26 Töchter und 26 Söhne gehabt, allesamt Kriegerinnen und Krieger (Gray, 1983; Gulermovich Epstein, 1998). Fairerweise sei darauf hingewiesen, dass anderen Interpretationen zufolge diese Zweiundfünfzig keine leiblichen Kinder gewesen sein sollen, sondern Menschen, die einen Eid auf die Göttin geleistet hatten.

Ihr bekanntestes Kind ist vermutlich ihr Sohn Meche, von einem unbekannten Vater. In Meches Herz hausten drei Schlangen, die imstande waren, ganz Irland zu vernichten. Daher wurde er erschlagen und sein Herz verbrannt. Man streute die Asche in einen Fluss, in dem daraufhin alle Fische verendeten (Gray, 1983). In den Mythen über die Landnahme hatte die Morrigu die drei Söhne Glon, Gaim und Coscar von einem namentlich nicht erwähnten Vater, und ihr eigener Vater Delbaeth zeugte mit ihr Brian, Iucharba und Iuchair (Macalister, 1941).

ERSCHEINUNGSFORMEN

Die Morrígan kann in vielen Gestalten erscheinen. Oft manifestiert sie sich in Form einer Krähe oder eines Raben. Das ist eine ihrer häufigsten Erscheinungsformen. Im *Táin Bó Cúailgne* (›Rinderraub von Cooley‹) und möglicherweise in der Erzählung von der Halle Da Dergas *(Togail Bruidne Da Derga)* erscheint sie als Kuh, und in vielen Sagen wird sie mit Viehdiebstählen in Verbindung gebracht. Sie kann als schöne junge Frau oder schreckliche alte Hexe, Vogel, Wölfin, Aal oder Kuh auftreten. Sie erscheint in der Luft schwebend, auf festem Grund oder im Wasser. Anders als viele andere irische Gottheiten wird sie in den historischen Texten mindestens zwei Mal ausdrücklich als Göttin bezeichnet, und es ist ein an sie gerichtetes Gebet überliefert. In dem Gebet wird sie von einem Mann angerufen, der sagt, sie hätte ihm schon früher Gutes getan. Er bittet sie um Hilfe beim Erwerb einer Rinderherde (Gulermovich Epstein, 1998).

ASSOZIATIONEN

Die Morrígan ist eine Göttin, die über viele Fähigkeiten und Kräfte verfügt. Sie erscheint dem Dagda und Cu Chulain und bietet beiden an, ihnen zum Sieg zu verhelfen, wenn sie mit ihr Sex haben. Im *Táin Bó Cúailgne* weist Cu Chulain sie ab, worauf sie sich gegen ihn wendet; die beiden kämpfen miteinander. Er fügt ihr drei Wunden zu, und später erreicht sie durch einen Trick, dass er diese Verletzungen heilt. Im *Cage Maige Tuired* schläft sie mit dem Dagda, und nachdem er das Nachtlager mit ihr geteilt hat, verspricht sie, in der bevorstehenden Schlacht gegen die Túatha Dé Danann an seiner Seite zu kämpfen.

In der Mythologie hilft die Morrígan den Túatha Dé Danann im Kampf gegen die Fir Bolg und die Formoren, indem sie mit Hilfe ihrer magischen Fähigkeiten Feuer, Blut und Nebel auf die Feinde herabregnen lässt und einen der gegnerischen Könige verhext oder tötet (Gray, 1983; O hOgain, 2006). Bei diesen Schlachten benutzt sie Hexerei ebenso wie physische Mittel, um die Feinde der Túatha Dé Danann zu besiegen. In der zweiten Schlacht von Maige Tuired werden die drei Morrígans als Druidinnen bezeichnet und im *Banshenchas* als Hexen (Gray, 1983; *Banshenchas*, o.J.). Vor der Schlacht von Mag Rath erschien sie als dünne, grauhaarige Alte, die über das Schlachtfeld flog und bei allen Kriegern, die im Kampf siegen würden, von Speerspitze zu Schild sprang (Smyth, 1988).

Die Morrígan wird eindeutig mit Krieg, Kampf und Tod assoziiert, aber auch mit Sieg, Strategie, Magie und möglicherweise mit Macht und Herrschaft. Sie kann Mut verleihen und ebenso in Schrecken versetzen. Sie ist eine Göttin ruhmreicher Schlachten und raffinierter Viehdiebstähle. Letztere spielten in der frühen irischen Kultur eine wichtige Rolle. Viele Autoren vertreten die Auffassung, dass ihre Verbindung zum Vieh aus ihrer Rolle als Souveränitätsgöttin zu erklären ist. O hOgain geht hier am weitesten, indem er argumentiert, sie sei, wegen ihrer möglichen Assoziation mit Danu, Landgöttin und Muttergöttin (O hOgain, 2006).

Auch wenn man den Begriff Muttergöttin sehr weit fasst, ist es unwahrscheinlich, dass die Morrígan zu diesen gezählt werden kann. Eindeutig verfügt sie aber als Göttin, die das Kriegsglück und den Ausgang von Schlachten und Machtkonflikten beeinflusst, über die Eigenschaften einer Souveränitätsgöttin. Sie erscheint oft in der Nähe von oder in Verbindung zu Flüssen, und ihre Assoziation mit den Brüsten der Anu, brustförmigen Hügeln im County Kerry, und anderen markanten Orten in der Landschaft spricht dafür, dass es sich bei ihr um eine Landgöttin handelt. Ich selbst neige eher nicht zu dieser Interpretation, überlasse es aber den Leserinnen und Lesern, sich auf Grundlage der vorliegenden Erkenntnisse eine eigene Meinung zu bilden. Am stärksten wird die Morrígan jedenfalls mit dem Krieg und dem Schicksal assoziiert, weshalb manche eine Verbindung zu den nordischen Walküren sehen (Jones, 2009; Gulermovich Epstein, 1998).

Mehrere Orte sind nach ihr benannt, unter anderem der Corryveckan-Strudel, der auch als Morrígan's Cauldron, Kessel der Morrígan, bezeichnet wird. Die Furt, die als »Bett des Paares« [*Bed of the Couple*] bekannt ist, verdankt ihren Namen dem Samhain-Schäferstündchen der Morrígan mit dem Dagda. Gort na Morrigna, Feld der Morrígan, im County Louth ist ebenso nach ihr benannt wie Fulacht na Morrigna, Morrígans Herd, im County Tipperary (Smyth, 1988). Im Boyne-Tal liegt der

Hügel der Morrígan, Mur na Morrigna, und es gibt Da Chich na Morrigna, die Brüste der Morrígan (Smyth, 1988; O hOgain, 2006). Die Höhle von Cruachnan, auch Uaimh na gCait oder Oweynagat, Höhle der Katzen, genannt, wird besonders stark mit ihr in Verbindung gebracht und gilt als Schauplatz einer ihrer Viehdiebstahl-Episoden.

 ## Gedicht für die Morrígan

Sie ist Blut, Schlacht und Tod,
die Klinge, die das Fleisch von den Knochen trennt,
Altes von Neuem scheidet.
Sie definiert uns um, macht uns neu, verwandelt uns.
Fürchte das Blut nicht, es ist der Strom des Lebens.
Fürchte den Kampf nicht, er ist der Preis für unsere
   Souveränität.
Fürchte den Tod nicht, er ist das Ende des Alten ...
und ein neuer Anfang, ohne Ende.

 ## Ein Opfergebet für Anu

Große Königin des Kampfes,
Anu von den Túatha Dé Danann,
genannt Morrigu.
Die verspricht, dir zu bringen
zwei Handvoll von deines Feindes Blut.
Die verspricht, zu fangen, was gejagt wird,

und zu töten, was gefangen wird.
Mächtige Anu, dieses Opfer bringe ich dir.

 Anrufung der Morrígan

Königin des Kampfes,
Kriegskönigin,
Gestaltwandlerin,
Rabe, Wölfin und Kuh,
die badet im vergossenen Blut,
über Leben und Tod entscheidet,
und darüber, wer Ruhm erlangt und wer vergessen
 wird.
Starker Schild und
scharfe Speerspitze,
Morrígan,
höre meinen Ruf!

DIE MORRÍGAN
IN MEINEM LEBEN

Ich glaube, dass die Morrígan körperliche und kriegerische
Tüchtigkeit zu schätzen weiß, und daher ehre ich sie auf diesen
Gebieten, so gut ich es vermag. Ich trainiere Techniken zur
Selbstverteidigung und Grundlagen der Kampfkünste. Ich habe

einen kleinen Altar für sie eingerichtet, der unter anderem mit Bildern ihrer Tier-Gestalten geschmückt ist. Ich meditiere darüber, was diese Tiere für mich bedeuten, aber auch über die Verbindung zwischen dieser Göttin und Krieg, Tod, Kampf, Sieg, Strategie, Magie, Herrschaft und Souveränität. Ich denke, es ist möglich, dass Anand zu bestimmten Aspekten der Mutterschaft in Verbindung steht, sehe in ihr aber den verteidigenden und beschützenden Aspekt der Mutter, nicht den nährenden. Sie ist die knurrende Wölfin, die bereit ist, jedem die Kehle durchzubeißen, der es auf ihre Jungen abgesehen hat, so wie Morrigu kämpfte, um die Túatha Dé Danann gegen die Fir Bolg und die Formoren zu beschützen. Und wie wir aus den Geschichten über die Morrígan sehen, ist sie eine Göttin, die erwartet, dass man für ihre Gaben einen Preis zahlt; nichts, was mit ihr zu tun hat, ist gratis oder mühelos.

Meine Erfahrungen mit der Morrígan unter dem Namen Anu waren interessant. Ich finde ihre Energie sehr tief und solide. Sie erinnert mich an einen Menhir. Es ist etwas Gewaltiges an ihr, das sich nur schwer beschreiben lässt, aber eine ausgesprochen numinose Erfahrung auslöst. Ich sehe sie als eine jüngere Frau mit intensiver Ausstrahlung, dunkelhaarig und schlank, aber sie scheint eine Kapuze zu tragen, oder ihr Äußeres ist auf andere Weise schattenhaft, als wäre das, was ich von ihr sah, nicht klar definiert, sondern ein wenig unscharf.

2

Macha – die Souveränitätsgöttin

> »Machæ: an tres morrígan, unde mesrad
> Machæ .i. cendæ doine iarna n-airlech.
> Macha: die dritte Morrígan; Machas Ernte:
> die Köpfe der im Kampf Erschlagenen.«
> O'Mulconry's Glossary, 8. Jahrhundert (Jones, 2008)

Machas Name wird mit Krähen, Vieh, Weideland und Äckern in Verbindung gebracht. Es ist möglich, dass ihr Name Ebene oder Acker bedeutet (Sjoedstedt, 2000). Das elektronische Wörterbuch der irischen Sprache listet für das altirische Wort mehrere Bedeutungen, unter anderem Nebelkrähe, Melkpferch und Acker oder Ebene. Im modernen Irisch bedeutet das Wort Viehgatter, eine Gruppe wertvollen Viehs auf einer Weide oder, in Verbindung mit brea bró, eine Herde (O Donaill, 1977).

HISTORISCHE QUELLEN

Macha gehört zu den Túatha Dé Danann und tritt in der irischen Mythologie mehrfach in Erscheinung. Sie ist eine der Töchter der Ernmas, Babd und Anand sind ihre Schwestern; diese drei Geschwister bilden die Morrígan-Triade. In manchen Quellen trägt Macha selbst den Namen Morrígan, insbesondere im Book of Femroy wird Macha als Morrígan bezeichnet: »Macha .i. i Morrígan« – »Macha, das heißt, die Morrígan« (O hOgain, 2006; Heidja, 2007).

Manchmal wird Macha als Badb bezeichnet, wobei der Name ihr als Titel gegeben verliehen, und aus dem gleichen Grund wird sie auch Morrígan genannt (Coe, 1995). Einige vertreten die Auffassung, dass nur die den Túatha Dé Danann zugehörige Macha die Macha ist, die als Teil der Morrígan-Triade angesehen werden kann, andere hingegen, ich eingeschlossen, sind der Ansicht, dass sie in den Mythen zwar mehrfach unter dem gleichen Namen auftritt, aber in unterschiedlichen Rollen. Wieder andere argumentieren, Macha sei eigenständig und gehöre gar nicht zu den Morrígans. Sie sei eine verwandte Göttin, deren Funktionen sich zum Teil mit denen der Morrígan-Triade überschneiden. In diesem Kapitel präsentiere ich Informationen über alle Erscheinungsformen Machas, und wie stets überlasse ich es den Leserinnen und Lesern, ihre eigenen Schlüsse zu ziehen.

Macha tritt in der irischen Mythologie in verschiedenen Gestalten auf: als eine der Töchter Partholons, als Nemederin, als eine der Túatha Dé Danann, als Fee und als Königin. Bei letzterer Rolle kann es sich um eine pseudo-historische Königin handeln, oder es ist eine Erzählung über eine Göttin. Das ist unter den heutigen Anhängern der Morrígan umstritten, weil diese Erzählung legendenhaft Untertöne hat, doch nicht explizit mythologisch ist, anders als die sonstigen Auftritte Machas. Viele Fachleute sehen, wie ich, in Macha aber eine Königin, die in Verbindung zu der Göttin steht.

MACHA, TOCHTER PARTHOLONS

In der ersten Erwähnung Machas im *Lebor Gabala Erenn* wird
sie als eine der Töchter Partholons bezeichnet. Mehr wird an
dieser Stelle nicht über sie gesagt. Weiter erfahren wir dort nur,
dass sie offenbar mit ihrem ganzen Volk beim Ausbruch einer
Seuche starb. Interessant ist aber, dass der Name Partholon
vermutlich »Sohn des Ozeans« bedeutet. Wenn uns Macha
später in der Geschichte von Macha, der Fee, wiederbegegnet,
erklärt sie, sie stamme vom Sohn des Ozeans ab (Jones, 2008).
Das könnte ein Hinweis auf die Kontinuität der verschiedenen
Macha-Erzählungen sein.

MACHA, DIE NEMEDERIN

In der zweiten Geschichte erscheint sie als Ehefrau des Nemed
und somit als Angehörige des dritten Volkes, das Irland besie-
delte. Es wird erzählt, dass sie bei dem Versuch starb, die Ebenen Irlands zu roden, um sie für die Landwirtschaft zu erschließen (Macalister, 1941). In einer anderen Version rodete ihr
Mann das Land und benannte es nach Machas Tod nach ihr.
Auch wird berichtet, sie hätte in einer Vision den *Táin Bó
Cúailgne*, den »Rinderraub von Cooley«, und das daraus resul-
tierende Leid und Blutvergießen vorhergesehen und wäre aus
Kummer darüber gestorben (Green, 1992). Weil sie die Mühe
auf sich nahm, das Land urbar zu machen, wird sie mit der Erde

und den landwirtschaftlichen Erzeugnissen assoziiert. Dass die Bedeutung ihres Namens auf Kühe und das Melken hinweist, unterstützt meiner Meinung nach die These, dass es sich bei ihr um eine Landgöttin handelt. Interessanterweise schreibt John Carey über diese Macha in seinem Essay »Notes on the Irish War Goddess« [Anmerkungen zur irischen Kriegsgöttin], dass sie zugleich Seherin und Kriegsgöttin war oder eine Frau, die Kriegszauber praktizierte (Coe, 1995).

MACHA VOM VOLK DER TUATHA DE DANANN

Im *Lebor Gabala Erenn* tritt sie als Angehörige des Volkes der Túatha Dé Danann in Erscheinung und wird als Tochter von Ernmas bezeichnet (Macalister, 1944). Mehrere moderne Autoren, unter anderem Berresford Ellis und Jones, gehen davon aus, sie sei die Ehefrau von Nuada Argatlamh gewesen, des Königs der Túatha Dé Danann, eines ebenfalls ziemlich komplexen Gottes, da beide im *Cath Maige Tuired* und *Lebor Gabala Erenn* gemeinsam in die Schlacht ziehen und sterben. Das ist ein populärer Glaube, den auch ich teile, aber die Leserinnen und Leser mögen sich hierzu ihre eigene Meinung bilden. Außerdem gibt es die Hypothese, es sei Macha als Morrígan gewesen, die ein Jahr vor der zweiten Schlacht von Maige Tuired eine Liaison mit dem Dagda hat (Berresford Ellis, 1987).

Im *Lebor Gabala Erenn* heißt es: »Delbaeth … hat drei Töchter, die berühmten Kriegsfurien Badb, Macha und Mórrígu.« (Macalister, 1941) Diese Version Machas wird in der zweiten Schlacht von Maige Tuired getötet, aber Macalister argumentiert in einem Abschnitt seiner Notizen zum *Lebor Gabala Erenn*, Band 4, es sei logisch, davon auszugehen, dass es sich bei dieser Macha und der Fee Macha, welche die Männer von Ulster verflucht, um ein und dasselbe Wesen handelt. Macalister vermutet außerdem, dass die Morrígan ursprünglich keine Triade war und dass Macha dem schon existierenden Paar Badb/Anand hinzugefügt wurde, weil Macha in Armagh ihr eigenes Kultzentrum hatte. Er schreibt, die Stammbäume würden darauf hindeuten, dass es sich um eine ältere Tradition handelt, der Macha später hinzugefügt wurde (Macalister, 1941).

Wir verfügen damit über zahlreiche Informationen zur Natur Machas. Wir haben erfahren, dass sie die Tochter Delbaeths und Ernmas' ist, Schwester von Badb und Anand und eine der drei Morrígans. Auch lesen wir, dass sie mit dem Götterkönig Nuada verheiratet war und mit ihm in der Schlacht kämpfte und fiel. Durch Macalisters Kommentar wissen wir zudem, dass es in Ulster ursprünglich einen eigenen Macha-Kult gab, der dann später mit dem Kult um Badb und Morrigu zu der Morrígan-Triade verschmolz, die wir heute kennen.

Im *Cath Maige Tuired* gibt es ebenfalls den Hinweis, Macha habe, wie im *Lebor Gabala Erenn*, in der Schlacht mitgekämpft, denn es wird erwähnt, dass sie mit Badb und Morrigu die Krieger in die Schlacht begleitet. Im *Banshenchas* wird sie als eine der Hexen oder Zauberinnen der Túatha Dé Danann aufgeführt. In der ersten Schlacht von Mag Tuired setzt sie zusammen mit den beiden anderen Morrígans Magie gegen den Feind ein. Sie schicken Regen und Nebel und lassen Blut und Feuer auf das gegnerische Heer niedergehen. In der zweiten Schlacht von Mag Tuired werden die drei Morrígans ban-draoithe, Druidinnen, genannt (Gray, 1983). Daher wissen wir, dass sie nicht nur Kriegerin, sondern auch Zauberin ist und die Krieger, auf deren Seite sie steht, mit Kriegszauber unterstützt.

MACHA, DIE FEE

Im Vorspiel zum *Táin Bó Cúailgne* erscheint sie als Fee und heiratet einen Bauern oder Häuptling namens Crunnuic (oft auch Crunnchu). Sie taucht bei ihm zu Hause auf und schlüpft in die Rolle einer Ehefrau, anfangs ohne ein einziges Wort mit ihm zu wechseln. Schließlich wird sie mit Zwillingen schwanger. Der Bauer besucht ein Fest des Königs, auf dem dieser mit der Schnelligkeit der Zugpferde seines Streitwagens prahlt. Obwohl Macha Crunnuic gewarnt hat, mit niemandem über sie zu sprechen, gibt der Bauer damit an, seine Frau könne schneller laufen als jedes Pferd. Der wütende König verlangt, dass Crunnuic sofort Macha zum Rennplatz bringen soll, wenn ihm sein Leben lieb ist. Macha bittet um Aufschub, weil ihre Wehen begonnen haben, aber der König lehnt ab, und Macha ist gezwungen, gegen die Pferde zum Rennen anzutreten. Sie gewinnt, bricht unmittelbar hinter der Ziellinie zusammen und bringt ihre Zwillinge zur Welt. Bevor sie stirbt, verflucht sie die Männer von Ulster: Sie würden künftig so schwach sein ›wie eine Frau bei der Geburt‹, und zwar in den Zeiten, wenn sie ihre Stärke am meisten benötigen, und diese Schwäche werde ›neun Mal neun‹ Generationen andauern. In manchen Versionen dieser Geschichte stirbt Macha nicht, sondern kehrt einfach in die Anderswelt zurück, weil Crunnuic sein Versprechen gebrochen hat, niemandem etwas über sie zu verraten.[2]

Dem *Metrical Dindshenchas* zufolge bringt Macha einen Sohn und eine Tochter namens Fír und Fíal zur Welt (Gwynn, 1924). Fír kann Wahrheit, Schwur oder Prüfung bedeuten, Fíal treu, scheinbar oder anständig. Machas Kinder trugen also Namen, die »wahr« und »treu« bedeuteten. Zwar ist das rein spekulativ, allein auf den Wortbedeutungen im Altirischen beruhend erscheint es ziemlich passend, wenn man die Geschichte berücksichtigt, in der die Geburt von Machas Kindern erzählt wird. In einer Übersetzung des *Rennes Dindshenchas* werden ihren Kindern tatsächlich die Namen Wahrheit und Ehre gegeben (Coe, 1995).

Der Ort, an dem das Rennen stattgefunden haben soll und die Zwillinge geboren wurden, trägt bis heute Machas Namen: Emain Macha. Dort fanden lange Zeit Feste und Versammlungen statt, vor allem an Lunasa (McNeill, 1962). Aufgrund dieser Erzählung wird Macha mit Pferden, Geburt und Schwangerschaft assoziiert, und wiederum mit den Feldfrüchten (sie heiratet einen Bauern). Mehrere Details deuten zudem auf eine zusätzliche Rolle als Souveränitätsgöttin hin: Die Pferde, gegen die sie zum Rennen antritt, sind weiß, eine heilige Farbe, und sie selbst wird mit der Sonne, dem Land und dem Meer gleichgesetzt (Coe, 1995).

Das *Rennes Dindshenchas* verknüpft diese Macha, die nemedische Macha und die zu den Túatha Dé Danann gehörende Macha, weil im selben Gedicht auf alle drei verwiesen wird. Wichtig ist auch, dass der Fluch, den diese Macha über die Männer von Ulster verhängt, sehr wesentlich für das große irische Epos *Táin Bó Cúailgne* ist, in dem die Morrígan eine bedeutende Rolle spielt. Darauf werden wir in einem späteren Kapitel noch ausführlich eingehen.

MACHA MOG RUADH

In der letzten Geschichte wird ihre Verbindung zu Herrschaft und Krieg sichtbar. Hier ist sie Macha Mog Ruadh, Macha Rothaar, die Tochter eines der drei Könige, die sich die Herrschaft über Irland teilen, indem sie abwechselnd jeweils für sieben Jahre regieren. Diese Macha wird als 76. Herrscherin Irlands verzeichnet und soll im 4. Jahrhundert vor Christus regiert haben (Beresford Ellis, 1987). Als ihr Vater stirbt, nimmt Macha seine Position ein, doch die beiden anderen Könige widersetzen sich, weil sie die Herrschaft nicht mit einer Frau teilen wollen.

Macha kämpft gegen sie und siegt, aber am Ende ihrer sieben Jahre weigert sie sich, die Herrschaft an einen der beiden

Könige abzutreten, weil sie durch den Sieg im Kampf Königin geworden ist, nicht durch Abstammung. Als nun einer der beiden mit ihr rivalisierenden Könige stirbt, fordern seine fünf Söhne Macha zum Kampf heraus. Sie erscheint ihnen in Gestalt einer Aussätzigen und verführt nacheinander alle fünf. Dann versklavt sie die Besiegten und zwingt sie, die Festung Emhain Macha zu bauen. Zu guter Letzt heiratet sie Cimbaeth, den Überlebenden der drei Könige.

Diese Geschichte wird oft als pseudo-historisch betrachtet, enthält aber viele mystische Untertöne: die Anzahl der Könige und Jahre und den Umstand, dass Macha als Aussätzige getarnt zu den fünf Söhnen geht. Im *Metrical Dindsenchas* verschmilzt diese Macha mit der Fee Macha und der Tochter Nemeds (Jones, 2008). Das spricht für die Idee, dass es historisch keine klare Unterscheidung zwischen den verschiedenen Machas gab – stattdessen wurden sie wohl oft als unterschiedliche Manifestationen ein und desselben übernatürlichen Wesens betrachtet.

ASSOZIATIONEN

Mehrere Autoren gehen davon aus, dass Macha selbst eine Triade bildete, und zwar die Nemederin Macha, die Königin Macha und die Fee Macha (Gulermovich Epstein, 1998; Coe, 1995). Diese Idee stimmt mit Dumezils trifunktionaler Hypothese überein, wonach die irische Gesellschaft in drei Segmente unterteilt war: Klerus, Krieger und Bauern, mit den drei dazugehörigen Funktionen Souveränität, Krieg und Fruchtbarkeit. Die drei Morrígans, so heißt es, passen in dieses Konzept. Morrigu steht für Souveränität (Herrschaft), Badb für Kampf und Krieg und Macha für Fruchtbarkeit. Doch wie fast immer, sind auch hier nicht alle Experten einer Meinung.

Traditionell wurden die abgeschlagenen Köpfe der feindlichen Krieger »Machas Eichelernte« genannt – ein weiteres Zeichen, dass sie eine Kriegsgöttin war (Sjoedstedt, 2000). Nach irischem Glauben war der Kopf der Sitz der Seele, was abgeschlagene Köpfe zu besonders kostbaren Kriegstrophäen machte. Im *Táin Bó Cúailgne* schwört Fergus, Freund des Helden Cu Chulain, den Eid: »Bei der Spitze meines Schwertes, dem Heiligtum[3] der Macha!« (O'Rahilly, 2001) Das bringt sie wieder mit den Kriegern in Verbindung und es zeigt sich, dass man ihr Schwerter weihte, vor allem Schwertspitzen.

Eine Verbindung besteht auch zu Ulster, besonders zu Armagh (Ard Macha) und dem Navan Fort (Emain Macha). Außerdem soll Macha eine starke Verbindung zu Pferden haben, wahrscheinlich wegen der Geschichte, in der sie gegen die Pferde des Königs ein Wettrennen gewann. Cu Chulain besaß ein Pferd namens Liath Macha, »der Graue von Macha«. Vor Cu Chulains letzter Schlacht weinte Liath Macha blutige Tränen. Im *Lebor Gabala Erenn* erfahren wir, dass Liath Macha Machas eigenes Pferd war (Macalister, 1941). Darin könnte sich ihre Rolle als Souveränitätsgöttin widerspiegeln, wobei das Pferd Symbol für die königliche Souveränität ist (O hOgain, 2006).

Aber nicht nur Pferde, sondern auch Krähen werden oft mit ihr assoziiert; in Cormacs Wörterbuch wird sie »Macha, die Krähe« genannt (Green, 1992). In mehreren Quellen heißt es, dass ihr Name Nebelkrähe bedeutet, nicht als wörtliche Übersetzung, sondern indem ihr Name, wie der Badbs, als Bezeichnung für das Tier benutzt wurde.

In den *Dindshenchas* lesen wir, dass Grian ein anderer Name für Macha ist: »Ihre beiden Namen, die man im Westen nicht selten hörte, lauteten strahlende Grian und reine Macha«, und: »… im Westen war sie Grian, die Sonne der Weiblichkeit« (Gwynn, 1924). Das Wort Grian hat ebenfalls mehrere Bedeutungen, die sich alle auf die Sonne beziehen; im elektronischen Wörterbuch der irischen Sprache werden hier »Sonne«, »strahlend«, »hell« und »leuchtend« genannt. Ich frage mich, ob auf diese Weise versucht wird, eine Verbindung zwischen Macha und der Feenkönigin Grian von Cnoc Greine im County Limerick herzustellen. Wenn das zutrifft, ist es eine nur sehr schwache Assoziation, denn es existieren dafür keine weiteren Hinweise, auch nicht für eine Assoziation Machas mit der Sonne. Grian wird viel häufiger mit Áine assoziiert, doch darauf werden wir in einem späteren Kapitel noch ausführlicher eingehen.

Gewiss ist im Licht ihrer Beziehung zu Nuada Argatlamh, dem König der Túatha Dé Danann, ihre Rolle als Souveränitätsgöttin besonders interessant. Außerdem ist sie eine Göttin der Schlacht und der Krieger, des Todes, der Magie (vor allem des Kriegszaubers), des Druidentums und der Weissagung. Green vertritt die Auffassung, dass Macha die Souveränität und

Fruchtbarkeit Irlands repräsentiert und sich rächt, wenn gegen das Land oder sie selbst gefrevelt wird (Green, 1992). O hOgain sieht in ihr eine Muttergöttin und eine Souveränitäts- und Kriegsgöttin mit einer starken Verbindung zu Pferden als Symbol für die Königsherrschaft (O hOgain, 2006). Die Mehrheit der Forscher betrachtet sie als Muttergöttin, als Göttin der Geburten und als Pferdegöttin. Viele vergleichen sie mit der Göttin Epona auf dem europäischen Festland (Coe, 1995). Zwar ist sie von allen Morrígans am stärksten auf die Rolle als Souveränitätsgöttin orientiert, aber man sollte dennoch ihre Zuständigkeit für Krieg und Kampf nicht außer Acht lassen. Sie begleitet die Krieger in die Schlacht, und im *Cath Maige Tuired* kämpft sie an ihrer Seite und stirbt mit ihrem Mann durch die Hand des Formoren Balor. Die abgetrennten Köpfe der besiegten Feinde sind Machas Ernte. Die Schwertspitze ist ihr geweiht und wird im *Táin Bó Cúailgne* ihr Heiligtum genannt. Sie ist eine komplexe Göttin, und diese Komplexität sollte uns im Umgang mit ihr bewusst sein.

Und nun folgt eine kurze Anmerkung dazu, dass Macha immer wieder stirbt und zurückkehrt. Ich glaube, dass sie, wenn sie »stirbt«, dorthin zurückkehrt, woher sie kommt: in die Anderswelt. Dorthin kehrt sie jedes Mal zurück, wenn sie in unserer Welt vollbracht hat, was sie erledigen wollte. Da stimme ich MacCulloch zu: »Heidengötter sind sterblich und unsterblich; ihr Leben ist ein alljährliches Drama, das ewig beginnt und endet und ewig erneuert wird – darin spiegelt sich das natürliche Leben.« (MacCulloch, 1918)

Gebete an Macha

Dieses an Macha gerichtete Gebet habe ich geschrieben,
um in schweren Zeiten Kraft zu schöpfen, als ich als
Mutter für ein chronisch krankes Kind sorgen musste:

Macha, Kriegerin, Königin, Göttin,
die du auch Mutter warst,
hilf mir jetzt, stark zu sein;
trotz deiner Wehen tratest du an
zum Rennen gegen die königlichen Pferde
und errangst den Sieg;
lass mich die Kraft finden,
die ich jetzt benötige;
Macha, hilf mir, stark zu sein,
verleihe mir den Mut,
mein Rennen durchzustehen.

Anrufung Machas

Höre mich, rothaarige Königin,
Dame, die Macht verleiht,
höre meinen Ruf, Frau der Sí,
die schneller läuft als jedes Pferd,
höre meinen Ruf, Göttin der Krieger,
die Köpfe als Trophäen sammelt:
fruchtbare Ebene, Rennpferd, Kriegskrähe,
Macha, sei bei mir.

Ein Gebet an Macha

Macha, Druidin der Túatha Dé Danann,
Zauberin von großer Macht und reichem Wissen,
führe mich auf meinem Weg, die ich die alte Weisheit
    ehre,
leite meine Hand, wenn ich den alten Göttern opfere,
lass mein Herz stark sein, wenn ich die alten heiligen
    Wege ehre.

Anrufung Machas

Große Göttin, Mächtige Macha,
die du Irlands Ebenen urbar machtest,
Große Prophetin, höre meinen Ruf,
Dame des Heiligen Volkes,
höre meinen Ruf,
Kriegerin und Druidin,
Zauberin von leidenschaftlicher Kraft,
Königin der Túatha Dé Danann,
höre meinen Ruf,
Sonne der Weiblichkeit,
schneller als alle Rennpferde,
Dame der Sí,
höre meinen Ruf.

Bei den oben stehenden Gedichten kann auch jeweils die erste Zeile allein als kurze Anrufung benutzt werden.

DIE MORRÍGAN IN MEINEM LEBEN

Ich habe festgestellt, dass Macha jene, die sie als ihr zugehörig betrachtet, mit einer starken mütterlichen Energie liebt und beschützt, aber sie kann auch hart und unnachgiebig sein. Sie erscheint mir immer als rothaarige Kriegerin. Sie trägt einen Mantel aus schwarzen Vogelfedern und reitet auf einem schwarzen, weißen oder schwarzweißen Pferd oder schreitet neben ihm. Für mich ist sie eine Land- und Souveränitätsgöttin, Beschützerin der Schwachen, Göttin der Frauen und der weiblichen Angelegenheiten, vor allem der Schwangerschaft und Geburt. Sie verkörpert auch Kampfesmut, Stolz und Siegeswillen sowie kriegerischen Geist.

Weil bei Lughnasa-Festen üblicherweise Pferderennen veranstaltet wurden und weil solche Feste damals an den Kultstätten Machas stattfanden, vor allem in Emain Macha, neige ich dazu, dieses Fest besonders mit ihr zu verknüpfen. In einer Version der *Dindschenchas* erfahren wir, dass auf Mag Macha, Machas Ebene, Feste ihr zu Ehren veranstaltet wurden. Diese Feste hießen Oenach Macha (Coe, 1995). Solche Volksfeste und die Anlässe, aus denen sie stattfanden, erinnern ebenfalls an Lughnasa und sprechen deshalb dafür, Macha mit diesem Feiertag in Verbindung zu bringen.

3

Badb – Göttin der Weissagung

> »Delbaeth ... hat drei Töchter, die berühmten
> Kriegsfurien Badb, Macha und Mórrígu. Letztere wird
> manchmal Anand oder Danand genannt.«
> (Macalister, 1941)

Der Name Badb ist schwer zu definieren. Seine Herkunft ist kompliziert und umstritten. Manche Quellen führen ihn auf die Wurzel *bodvo* zurück, ein Wort, das »Krähe« bedeutet. Andere vermuten *buduo* (»Schlacht«). Als dritte Möglichkeit wird *bhedh* genannt, was »stechen« oder »schneiden« bedeutet (Heijda, 2007). All diese möglichen Wurzelbedeutungen sind aussagekräftig und beziehen sich auf unterschiedliche Aspekte der Göttin Badb. Im *eDIL* wird Badb als Name einer Göttin genannt und außerdem werden folgende Wortbedeutungen aufgelistet: »Nebelkrähe, tödlich, gefährlich, unheilvoll, kriegerisch, boshaft.« (*eDIL*, o.J.)

Die Morrígans, und vor allem Badb, sollen häufig in Gestalt einer Nebelkrähe erscheinen. Der Name Badb wird auch Badhbh oder Bodb geschrieben. Ausgesprochen wird er »Baiv« oder »Baib«. Ich bevorzuge die Aussprache »Baiv«, die bei der Schreibung Badhbh üblich ist. Man kann sie auch Badb Catha nennen, was »Kriegskrähe« bedeutet. Manche sehen hier eine Verbindung zur gallischen Göttin Cathubodua.

HISTORISCHE QUELLEN

Badb ist eine von Delbaeths und Ernmas' Töchtern. Macha und Morrigu/Anann sind ihre Schwestern. Es heißt, Doman und Fiamain seien ihre Kinder (Macalister, 1941; Gray, 1983). Im *Banshenchas* wird sie als die Ehefrau des Dagda bezeichnet. Das dürfte der Grund sein, warum manche Leute sie als die Morrígan identifizieren, die an Samhain ein Stelldichein mit dem Dagda hatte, doch wie bereits an anderer Stelle erörtert, könnte das eher Macha gewesen sein. In mehreren anderen Quellen heißt es, sie wäre die Frau des Kriegsgottes Net gewesen, zusammen mit Nemain. Auch andere mögliche Ehemänner werden erwähnt: im *Banshenchas* Indui, Nets Vater, und im *Lebor na hUidre* ist sie mit Tetra verheiratet (Heijda, 2007).

In der Mythologie wird Babd als die Morrígan selbst oder als ihre Schwester beschrieben. In manchen Versionen des Táin Bó Cúailgne heißt es hingegen, nicht die Morrígan, sondern Badb hätte in Tiergestalt – als Aal, Wölfin und Kuh – gegen Cu Chulain gekämpft. Und in einer Version des *Táin Bó Regamna* wird wiederum diese Göttin ihrerseits Badb und nicht Morrígan genannt (Heijda, 2007).

Babd wird manchmal als Bé Neit identifiziert, oft übersetzt als Frau des Neit. Doch Gray ist der Ansicht, es könnte sich dabei um einen Titel handeln, der »Göttin der Schlachten« bedeutet (Gray, 1983). Das kann anfangs sehr verwirrend erscheinen, aber klar ist, dass Badb ursprünglich eine Einzelgöttin war und erst später bis zu einem gewissen Grad mit ihrer Schwester Morrígan verschmolz, und umgekehrt, was dann für Verwirrung sorgte.

ERSCHEINUNGSFORMEN

Badb kann als verschrumpelte Hexe in Erscheinung treten oder als verführerische junge Frau, sie kann aber auch die Gestalt einer Krähe annehmen (Smyth, 1988). Sie wird oft mit den Farben Schwarz und Weiß assoziiert, den Farben der Nebelkrähe, aber auch Rot, die Farbe frischen Blutes und des Kriegsgemetzels, wird mit ihr in Verbindung gebracht. In der Mythologie wird sie häufig »rote Badb« oder »rotmündige Badb« genannt. Auch wird ihre Erscheinung als bleich und gespenstisch beschrieben. Als sie Medb in einer Vision erschien, nennt diese sie »weiße Dame« (Heijda, 2007).

ASSOZIATION

Im *Táin Bó Cúailgne* stachelt sie Cu Chulain zum Kampf an, und kurz vor dem Ende fliegt sie über ihm oder hockt auf seiner Schulter, womit sie seinen bevorstehenden Tod anzeigt (Smyth, 1988; Green, 1992). Wie die anderen Morrígans ist sie in der Lage, das Kriegsglück zu beeinflussen; ihr Schrei löst Verwirrung, Panik und Chaos aus (Green, 1992). Von einer Schlacht im Jahr 870 heißt es, Badb sei mit großem »Lärm und Tumult« erschienen und habe die gegnerischen Heere zum Kampf angestachelt (O hOgain, 2006). In der Schlacht von Clontarf, die sich im Jahr 1014 ereignete, soll Badb kreischend über dem Schlachtfeld durch die Luft geflogen sein (Berresford Ellis, 1987).

Badb wird oft mit Prophezeiungen in Verbindung gebracht. Im *Cath Maige Tuired* heißt es nach der Schlacht: »Als der Sieg errungen und das Schlachtfeld gesäubert war, verkündete die Morrígan den Sieger. ... Und das ist der Grund, warum Badb immer noch als die Verkünderin großer Taten bekannt ist. ›Hast du Neues zu berichten?‹, wurde sie damals von allen gefragt.« (Gray, 1983) Daraufhin prophezeit sie eine Zeit des Friedens, auf die eine Zeit des Krieges folgen werde.

In der Erzählung von der Halle Da Dergas erscheint sie als Todesbotin. Und in anderen Fällen erscheint sie als Wäscherin an der Furt und wäscht die Kleidung der todgeweihten Krieger (Green, 1992). Badb wird oft mit der Wäscherin an der Furt assoziiert, weil sie immer wieder in dieser Gestalt in Erscheinung tritt. Bevor Cu Chulain in seine letzte Schlacht zieht, sieht er Badb als schöne junge Frau, die wehklagend blutige Kleidung wäscht. Und vor einer Schlacht zwischen Toirdhealbhach und einem normannischen Heer erscheint sie und prophezeit die Niederlage der Normannen, die dann auch eintritt (O hOgain, 2006).

Wie bei der Morrígan besteht auch bei Babd das Problem, dass ihr Name durchaus ein Titel sein kann. Zwar erscheint sie in den älteren Landnahme-Texten als individuelles Wesen, doch

Badb wird ebenso als Titel für andere Göttinnen verwendet, unter anderem für Macha und Nemain. Babd kann wie die Morrígan im Plural verwendet werden, »Badba« oder englisch »Badbs«. Damit wird dann eine Gruppe göttlicher Wesen bezeichnet, die sich auf Badb-artige Weise verhalten (Heijda, 2007). Darüber hinaus wird das Wort Badb auch in der Bedeutung »Nebelkrähe« verwendet oder für eine Beansidhe (»Banshee«)[4] und generell für übernatürliche Frauenerscheinungen. In O'Connells Wörterbuch werden für Badb folgende Bedeutungen genannt: »Eine weibliche Fee, eine Erscheinung, ein Gespenst …« (Gulermovich Epstein, 1998).

Deshalb fällt bei der Lektüre mancher Quellen die Entscheidung schwer, ob die Göttin Badb, eine andere Göttin von ähnlicher Natur, eine Fee, eine menschliche Hexe oder eine Krähe gemeint ist. Um noch eine letzte Ebene hinzuzufügen: dieses Wort wird auch als Adjektiv benutzt und bedeutet dann »kriegerisch, tödlich und zornig« (Heijda, 2007).

 ## *Anrufung Badbs*

Badb, Ernmas' Tochter,
Nebelkrähe der Schlachtfelder,
Schwester Machas und der Morrígan,
höre meinen Ruf,
Frau des Net, des Kriegsgottes,
die Raserei bringt,
Wäscherin an der Furt,

an dich wende ich mich,
Badb von den Túatha Dé Danann,
höre meinen Ruf!

Gebet, um von Badb Antworten zu erbitten

Badb, die das noch Ungeschehene sieht,
die am Ende des Kampfes
der Túatha Dé gegen die Formoren
eine große Prophezeiung verkündete
und von einem großen Frieden sprach,
aber auch vom Untergang,
hilf mir jetzt, dass ich sehe, was ich sehen muss,
und die Antwort auf meine Frage finde;
weise mir den Weg zu meiner Antwort.

Gebet an Badb vor einer Prophezeiung

Badb, Göttin der Weissagung,
enthülle mir Vergangenheit und Zukunft.
Lasse mich die Wahrheit erkennen,
hilf mir, zu finden, wonach ich suche,
und meine Wahrheit offen auszusprechen.
Badb, weise mir den Weg zur Erkenntnis,
damit ich sehe, weiß, spreche,
damit ich weissage, was war,

49

was ist und was sein wird.
Badb, Göttin der Weissagung,
so sei es.

 Anrufung Badbs

Nebelkrähe, deren Schreie
sich über das Schlachtfeld erheben,
während der Kampf tobt,
Tänzerin auf den Schwertspitzen,
du wäschst die Kleider der Todgeweihten,
Badb, und weissagst die Zukunft.
An dich wende ich mich,
höre meinen Ruf!

DIE MORRÍGAN
IN MEINEM LEBEN

Obwohl Badb stark mit Krieg und Blutvergießen assoziiert wird, ist sie für mich doch vor allem eine Göttin der Weissagung und der Omen. Oft bete ich zu ihr, bevor ich mich mit Divination beschäftige, sei es, dass ich Tarotkarten lege oder Omen deute, insbesondere aber vor der Anwendung irischer Wahrsage-Methoden, wie zum Beispiel dem *imbas forosnai* (siehe das Kapitel über die Morrígan in der modernen Welt).

Besonders stark bringe ich Badb mit Krähen in Verbindung, und so habe ich ihren Altar mit Krähenbildern und einer großen schwarzen Feder ausgestattet, als Symbole für diese Göttin in Vogelgestalt. In Krisenzeiten wende ich mich ebenfalls an Badb und bitte um Kraft, vor allem bei Gefühlskrisen. Wenn sie mir in Träumen oder bei inneren Heilreisen begegnet, strahlt sie Abgeklärtheit aus und hat mich wiederholt dazu ermutigt, Situationen in einem größeren Zusammenhang zu sehen – den Wald anstatt der Bäume – und mich nicht zu sehr in Details zu verlieren. Ich sehe sie als recht dünne, blasse Frau unbestimmbaren Alters, mit wilder Haarmähne, durchdringenden schwarzen Augen. Meistens wird sie von einer oder von drei Krähen begleitet.

4

Andere Namen für die Morrígan

NEMAIN

»Nemain, Danand, Badb und Macha, Morrigu,
die den Sieg bringt, die ungestüme und schnelle Etain,
Be Chuilli aus dem Land des Nordens,
sie waren die Zauberinnen der Túatha Dé.«
(Banshenchas, o.J.)

Nemain, auch Neman, Nemon oder Nemhain, ist neben Badb
die am häufigsten zur Triade der Morrígans gezählte Göttin.
Ihr Name bedeutet vermutlich »bösartig« oder »rasend« (Berresford Ellis, 1987; Green, 1992). Allerdings ist die Etymologie
sehr spekulativ und unsicher. In vielen modernen populärwis-
senschaftlichen Büchern wird sie mit Badb und Macha zu den
drei Morrígans gezählt, als wäre sie die Morrigu. Hennessey
vertrat offenbar als Erster die Auffassung, dass die Morrígan-
Triade sich aus Badba, Macha und Nemain zusammensetzt – in
seinem 1870 erschienenen Buch *The Ancient Irish Goddess of
War*. Das wurde seither häufig wiederholt. Das Zitat aus dem
Banshenchas belegt aber, dass in früheren Zeiten Nemain eindeutig nicht als die Morrigu angesehen wurde, obwohl sie wie
Badb den Titel Morrígan getragen haben mag. Tatsächlich tritt
Nemain in den Erzählungen meistens nur mit Badb auf, nicht

zu dritt. Sie agiert dabei als eigenständige Kriegsgöttin, während in anderen Texten die als Dreiheit beschriebenen Morrígans oft gemeinsam auftauchen.

Von Nemain heißt es, Elcmar sei ihr Vater, der ursprüngliche Besitzer des Brú na Bóinne. Elcmar ist möglicherweise ein alternativer Name für Nuada. Sie ist die Schwester Feas und Ehefrau des Neit, eines rätselhaften Kriegsgottes, wobei die Wortkombination Bé Neit, die als »Frau des Neit« übersetzt wird, auch »Frau des Kampfes« bedeuten kann und an anderer Stelle als Eigenname erscheint. Das Ganze wird noch verwirrender, weil in manchen Quellen Nemain als Ehefrau Nuadas beschrieben wird und mit Macha verschmilzt, während andere Texte sie als Aspekt der Badb beschreiben (Berresford Ellis, 1987; O hOgain, 2006). In einer Quelle wird sie als schöne Frau und Richterin beschrieben (Gulermovich Epstein, 1998). In allen Texten, die sie erwähnen, wird sie mit Kampf und Krieg assoziiert.

Nemain wird mit der Anstachelung der Krieger und dem Erschrecken des gegnerischen Heeres in Verbindung gebracht. Ihr Name wird in den alten Texten manchmal mit »Kampfeslust« oder »Raserei« übersetzt, und wie Badb kann er auch Hexe bedeuten (Heijda, 2007). Im *Táin Bó Cúailgne* stößt sie einen so entsetzlichen Schrei aus, dass hundert Krieger sterben, als sie ihn hören. Wie weiter oben erwähnt, wird sie im *Banshenchas* als eine Zauberin der Túatha Dé Danann aufgeführt, und im *Lebor Gabala Erenn* wird sie als »Neman, die geniale Dichterin und Sängerin«[5] beschrieben (*Banshenchas*, o.J.; Macalister, 1941).

Ob sie zu den drei Morrígans gerechnet wird oder nicht, bleibt unklar. In den Landnahme-Texten wird sie als eigenständige Person betrachtet, die eindeutig nicht mit einer der drei Töchter Ernmas' – Badb, Macha und Morrigu – identisch ist. In den späteren mythologischen Erzählzyklen tritt sie dann oft zusammen mit Badb auf oder wird mit ihr assoziiert. Dazu schreibt Gulermovich Epstein: »Unklar ist, ob Nemain von den irischen Schriftstellern des Mittelalters wirklich als eine der Morrigna betrachtet wurde, denn die meisten Beweise dafür … beruhen auf Indizien. Wenn wir aber Morrígan als allgemeine Bezeichnung verwenden, erscheint es angemessen, Nemain dieser Gruppe zuzurechnen.« (Gulermovich Epstein, 1998)

 Gebet an Nemain

Nemain,
wild und rasend
ertönt dein Schlachtenruf,
Nemain,
Frau des Krieges,
Schöne Richterin,
die keine Furcht kennt,
Nemain,
hilf mir, Stärke zu finden,
hilf mir, Furcht zu überwinden,
hilf mir, meiner Wahrheit treu zu bleiben.

FEA

»Fea und Neman, die beiden Frauen des Net,
Sohn des Indiu, zwei Töchter des Elcmar vom Brug.«
(Macalister, 1941)

Ihr Name könnte übersetzt »hasserfüllt« bedeuten. Tatsächlich geht Cormac's Glossary so weit, die Wortbedeutung so zu definieren, dass *fea* für alle hassenswerten Dinge stehe (Berresford Ellis, 1987; Heijda, 2007). Andere Autoren jedoch bringen es mit den irischen Wörtern *fee* und *fé* in Verbindung, die den Tod und die Messlatte, die zum Ausheben eines Grabes benutzt wird, bezeichnen. Man vermutet auch, dass es sich auf das lateinische *vae* zurückführen lässt, das »Wehklagen« bedeutet (Gulermovich Epstein, 1998). Doch wie bei Nemain ist die Etymologie unsicher, und Fea ist eine mysteriöse Göttin, über die wir nur wenig wissen. Es heißt, sie wäre eine Schwester Nemains; beide sind Töchter Elcmars und beide waren, laut dem *Lebor Gabala Erenn*, mit Neit verheiratet. In manchen Ahnenreihen werden Fea und Nemain als Nichten der drei zuvor genannten Morrígans geführt (Gulermovich Epstein, 1998).

Fea ist geheimnisvoll, wird aber besonders stark mit Süd-Leinster in Verbindung gebracht, vor allem mit Mag Fea, der Ebene, die ihren Namen trägt (Heijda, 2007). Interessant ist, dass Fea wie die Morrígan mit Vieh assoziiert wird. In den *Dindshenchas* wird sie mit zwei Ochsen in Verbindung gebracht: Fe und Men; in dieser Textpassage wird sie außerdem als »still« und »geliebt« charakterisiert (Gulermovich Epstein, 1998).

BÉ NEIT

Eine weitere recht mysteriöse und mit der Morrígan in Verbindung gebrachte Göttin ist Bé Neit, deren Name entweder als »Frau des Neit« oder als »Frau des Krieges« übersetzt werden kann. In einer Version des *Táin Bó Cúailgne* erscheinen Badb und Nemain zusammen mit Bé Neit, um das Heer von Connacht in der Nacht in Angst und Schrecken zu versetzen. Es gibt nur wenige Informationen über diese Göttin, und tatsächlich regt Heijda in ihrer Dissertation *War Goddesses, Scald Crows and Furies* an, dass die Identifizierung Bé Neits als eigenständiger Person auf einen Abschreibfehler zurückzuführen sei. Eigentlich müsse es heißen: »Badb, die Nets Frau ist, und Nemain«, statt sie als drei Individuen darzustellen. In anderen Quellen wird Bé Neit als Nemain aufgeführt, während in wieder anderen behauptet wird, sie sei die Morrígan (Gulermovich Epstein, 1998). In einem Text erfahren wir, Bé Neit habe die Macht besessen, den Ausgang einer Schlacht zu bestimmen: »… woraufhin die Kriegsfurie Bé Neit ihre große Macht einsetzte [um ihnen zum Sieg zu verhelfen].« (Gulermovich Epstein, 1998). Es ist auch möglich, dass Bé Neit gar kein Eigenname war, sondern »Frau des Krieges« bedeutete und generell als Bezeichnung für Kriegsgöttinnen verwendet wurde.

ÁINE – ODER ANU?

In manchen modernen Fassungen irischer Sagen gilt Áine (gesprochen »Ai-ne«) als Aspekt der Anu oder der Morrígan (Berresford Ellis, 1987). Lady Gregory schrieb 1904, manche Iren glaubten, bei Áine handele es sich »um die Morrígan selbst«, und zeigte auf, dass im Volksglauben seit altersher die beiden miteinander verbunden wurden (Gregory, 1904). Doch während Anus Name »üppig« bedeutet, wird der Name Áine mit »strahlend« und »hell« assoziiert, was auf einen grundlegenden Unterschied zwischen den beiden Göttinnen hinweist; auch bestehen in den Mythologien kaum Gemeinsamkeiten oder Ähnlichkeiten zwischen ihnen.

Interessanterweise gilt Grian, mit der wir uns noch beschäftigen werden, als möglicher Aspekt Machas, vermutlich weil ihr im *Metrischen Dindshenchas* der Beiname Grian gegeben wird. Zwar bin ich mit diesen Assoziationen nicht einverstanden, räume aber ein, dass ich es faszinierend finde, dass es möglicherweise eine starke Verbindung zwischen Áine und Grian gibt und sie eine wichtige Rolle für die Einteilung des Jahreskalenders spielen und dass sie außerdem mit der Morrígan und Macha in Verbindung gebracht werden. Ich werde den Leserinnen und Lesern berichten, was über Áine historisch bekannt ist, und es ihnen überlassen, ob die Verbindung zur Morrígan bedeutsam ist oder nicht.

Zu den interessanten Aspekten der irischen Mythologie zählt, dass die Götter nicht zu menschlichen Charakteren reduziert werden, sondern meistens zu Feen. So geschah es mit Áine von Cnoc Áine im County Kerry, von der man annimmt, dass sie ursprünglich eine Göttin war. Heute gilt sie als eine Sí-Dame und der Feenhügel von Knockainy als ihr besonderer Ort. Nach irischem Glauben zogen sich die Götter nach Ankunft der Menschen in die *Sí* zurück, die von Höhlen durchzogenen Hügel. Sie wurden die *Aos st*, das Volk der Feenhügel. Später entwickelte sich daraus die Vorstellung, dass die Túatha Dé Danann Teil des Feenreiches sind.

Da aber die moderne – insbesondere die moderne amerikanische – Vorstellung von Feen sich sehr stark von der traditionellen irischen unterscheidet, kann das für Verwirrung sorgen. Die Götter sind immer noch Götter, auch wenn sie in den *Sí* wohnen, und es ist falsch, sie auf die Idee kleiner, zarter Elfen zu reduzieren, nur weil es heute im Trend liegt, sich Feen so vorzustellen. Was das Konzept von Göttern als Feen angeht, bin ich der Ansicht, dass es nicht wirklich eine Rolle spielt, ob ein Wesen in jeder Erzählung als Gott auftritt oder manchmal auch als Fee erscheint, denn für mich zählt, über welche Macht solche Wesen verfügen. Eine Fee, die mächtig genug ist, und ein göttliches Wesen, das unter den Feenhügeln wohnt, können genau den gleichen Einfluss ausüben, so dass der Unterschied allein in der Bezeichnung liegt.

Wie die meisten irischen Gottheiten besitzt auch Áine eine komplexe und teilweise widersprüchliche Mythologie. In manchen Quellen wird sie als Tochter des Manannan Mac Lir bezeichnet, in anderen als Tochter seines Ziehsohns Eogabail, eines Druiden der Túatha Dé Danann (Berresford Ellis, 1987). Darüber, wer ihre Mutter war, finden sich keine Angaben. In manchen Quellen wird Finnen als ihre Schwester bezeichnet, deren Name »weiß« bedeutet (Monaghan, 2004). Áines Name bedeutet wahrscheinlich »Helligkeit« oder »Glanz«, und oft wird sie mit der Sonne assoziiert (O hOgain, 2006; Monaghan, 2004). Tatsächlich befindet sich in der Nähe ihres Hügels, Cnoc Áine, ein anderer Hügel, Cnoc Gréine, der mit der Göttin Grian in Verbindung gebracht wird, die ebenfalls als Feenkönigin gilt; MacKillop ist der Ansicht, dass die beiden Göttinnen die Sommer- und Wintersonne repräsentieren, und in manchen Quellen werden sie als Schwestern bezeichnet (MacKillop, 1998; Monaghan, 2004).

In den sich in späterer Zeit um sie rankenden Geschichten steht Áine in dem Ruf, Liebesaffären mit Sterblichen einzugehen, und mehrere irische Familien behaupten, von ihr abzustammen. Der bekannteste dieser menschlichen Nachfahren ist der dritte Earl von Desmond, Gearoid Iarla. Manche erzählen, Gearoid sei nicht gestorben. Angeblich lebt er unter Wasser im Loch Guirr, von wo er eines Tages zurückkehren wird (Berresford Ellis, 1987). In anderen Geschichten heißt es, man könne ihn manchmal unter der Wasseroberfläche des Sees auf einem weißen Feenpferd reiten sehen. Wieder andere Quellen berichten, Áine hätte ihn am Ufer des Sees in einen Ganter verwandelt (Berresford Ellis, 1987). Von Áine heißt es außerdem, sie sei an Samhain von König Aillil Olom vergewaltigt worden. In manchen Geschichten beißt sie ihm zur Strafe ein Ohr ab, in anderen tötet sie ihn (Monaghan, 2004; Berresford Ellis, 1987; O hOgain, 2006). Bei diesem Vorfall wurde Eogan gezeugt, dessen Geschlecht wegen seiner göttlichen Abstammung die Königsherrschaft beanspruchte (Monaghan, 2004).

Áine wird mit Fruchtbarkeit, Landwirtschaft, Souveränität, der Sonne und Liebe assoziiert (Berresford Ellis, 1987; Monaghan, 2004). Eine besondere Verbindung zu roten Stuten wird ihr zugeschrieben, und es heißt, sie erscheine manchmal in Gestalt eines solchen Pferdes (MacKillop, 1998; Monaghan, 2004). Außerdem besteht vermutlich auch im umfassenderen Sinn eine Verbindung zu Pferden sowie zu Gänsen und Schafen, da diese Tiere in den Geschichten von Áine auftauchen. Einer der bekanntesten mit ihr assoziierten Orte ist Cnoc Áine (heute: Knockainey Hill) im County Limerick. Es heißt, er sei in der Zeit der Landnahme nach ihr benannt worden, als sie mit ihren magischen Kräften ihrem Vater dabei half, dieses Gebiet zu erobern (O hOgain, 2006).

Die Sommersonnenwende war ihr besonderer Festtag, und bis ins 19. Jahrhundert huldigten die Menschen der Göttin am Mittsommerabend mit einer Prozession um ihren Hügel. Dabei trugen sie Fackeln aus brennendem Stroh zu Ehren von Áine na gClair, Áine von den Strohbündeln (Berresford Ellis, 1987). Manchmal wird Áine auch Áine Chlair genannt, ein Wort, das sich auf Stroh bezieht, aber auch ein alter Name für Kerry oder das Gebiet von Limerick sein könnte (Monaghan, 2004; O hOgain, 2006). In der Mittsommernacht wurden auf Áines Hügel Strohbündel angezündet und dann auf den bestellten

Feldern und zwischen den Kühen verstreut, um die Göttin günstig zu stimmen und ihren Segen zu empfangen (O hOgain, 2006). Im County Louth gibt es einen Ort namens Dun Áine. Dort glauben die Leute, dass das Wochenende nach Lughnasa Áine gehört, und in manchen mündlich überlieferten Geschichten heißt es, sie sei während der drei Tage von Lughnasa die Gemahlin von Crom Cruach (O hOgain, 2006; MacNeill, 1962). Einen Hügel namens Cnoc Áine gibt es auch im County Derry und einen dritten in Donegal (O hOgain, 2006). In Ulster trägt die Quelle Tobar Áine den Namen dieser Göttin.

Ob Áine nun als Göttin oder Feenkönigin betrachtet wird, sie erfreut sich bis in die jüngste Zeit großer Beliebtheit. Ihre Mythologie ist kompliziert, aber faszinierend. Alle, die im irischen Kontext gerne eine Sonnengöttin verehren möchten, tun gut daran, sich mit Áine zu beschäftigen. Es heißt, sie sei »die edelmütigste Frau, die jemals lebte«. (O hOgain, 2006)

Anrufung Áines

Königin der Sí von Cnoc Áine,
rote Stute, die den See umkreist,
Dame der Mittsommer-Freudenfeuer
mit Fackeln und brennenden Strohbündeln,
Áine der Erntezeit,
Áine der Sommersonne,
Áine vom Feenhügel,
höre meinen Ruf!

GRIAN – EIN ANDERER NAME FÜR MACHA?

Grian [Aussprache etwa: »Grii-en«] ist eine mysteriöse Göttin, über die kaum etwas überliefert wurde. In keiner der schriftlich überlieferten Geschichten und Mythen wird sie erwähnt, außer einigen kurzen Nennungen als Áines Schwester. Im Volksglauben taucht Grian als Feenkönigin auf, die unter dem Cnoc Greine residiert. Auch über den Loch [See] Greine oder Graney soll sie herrschen. Beide Orte liegen im County Limerick (Berresford Ellis, 1987; Smyth, 1988). Cnock Greine liegt etwa sieben Meilen von Knockainey, dem Feenhügel Áines, entfernt (Smyth, 1988). Es heißt, dass Grian eine Schwester Áines und Tochter von Fer I ist (des »Eibenmannes«). Viel mehr ist über ihre Familie und verwandtschaftliche Beziehungen nicht bekannt. Manche Autoren, darunter MacKillop und Smyth, gehen davon aus, dass es sich bei Grian um einen Aspekt Áines handelt oder um einen anderen Namen für sie, was ich persönlich aber für wenig wahrscheinlich halte.

Das Wort *grían* mit Fada über dem i bedeutet »Sonne«, »hell«, »strahlend«, »sonnig« und »Treffpunkt«, ohne Fada bedeutet es »Sand«, »Fluss«, »Fundament«, »Erde« und »Land« (*eDIL*, o.J.). Es ist faszinierend, über beide Bedeutungen nachzudenken, obwohl allgemein eher der Bezug des Namens Grian zur Sonne akzeptiert wird. Grian wird, ähnlich wie Áine, weithin vor allem als Sonne oder Sonnengöttin betrachtet. Möglicherweise beruht die Verbindung zu Áine auf einem älteren Glauben, dem zufolge

Áine die starke Sommersonne repräsentiert, während Grian für die kühlere Wintersonne steht; nach dieser Sicht würde dann jede der beiden Schwestern über einen Teil des Jahres herrschen, abhängig vom Sonnenstand (MacKillop, 2008).

Angesichts der Verbindung Áines mit den Mittsommerfeiern ist es sehr wohl möglich, dass Grian einst zur Zeit der Wintersonnenwende geehrt wurde (MacKillop, 2008; Monaghan, 2004). Das wäre vergleichbar mit der modernen Einteilung des Jahres in eine dunkle und eine helle Hälfte, den neuheidnischen Geschichten vom Eichenkönig und vom Stechpalmenkönig oder dem schottischen Volksglauben (vermutlich auch modernen Ursprungs), dass Brighid und die Cailleach jeweils für eine Jahreshälfte zuständig sind.

Auch eine Verbindung zwischen Grian und Macha sollte in Betracht gezogen werden. Im *Metrischen Dindshenchas* heißt es, Grian sei Machas anderer Name: »Ihre beiden Namen, die man im Westen nicht selten hörte, lauteten strahlende Grian und reine Macha«, und: »... im Westen war sie Grian, die Sonne der Weiblichkeit.« (Gwynn, 1924) Manche vermuten, dass Grian mitunter als Beiname verwendet wurde und dies auch hier zutrifft, indem nämlich Macha als »Sonne der Weiblichkeit« bezeichnet wurde (Monaghan, 2004). Leider gibt es, so weit ich weiß, außerhalb des *Dindshenchas* keine anderen Belege für diese Verbindung, aber berücksichtigt man Áines mögliche Verbindung zur Morrígan, ist die Annahme nicht unbegründet.

Obwohl uns nur spärliche Informationen zu Grian vorliegen, reichen diese doch aus, um sie uns als Sonnengöttin vorzustellen, die zusammen mit ihrer Schwester Áine wohl für den Sonnenwendenzyklus zuständig war.

Grian mit der Wintersonnenwende zu assoziieren ist zwar rein hypothetisch, aber es handelt sich um eine durchaus logische Annahme. Ähnlich kann die Verbindung Áines und Grians zu den Morrígan-Schwestern – obwohl die Hinweise hier noch spärlicher sind – uns dabei helfen, Grian besser zu verstehen, indem wir kontemplieren, inwieweit sie mit Macha verbunden oder ein Aspekt von ihr ist.

☥ *Anrufung Grians*

Königin des Sí von Cnoc Greine,
Schwester Áines, Tochter der Eibe,
Dame der Wintersonnenwende,
des kalten, fahlen Lichts,
das auf dem Schnee leuchtet,
Grian der kalten Winde,
Grian der Wintersonne,
Grian vom Feenhügel,
höre meinen Ruf!

DANU – DIE GÖTTERMUTTER

Danu ist eine rätselhafte Figur, die in der irischen Mythologie nur ein paar Mal erwähnt wird, und zwar immer in der Genitivform des Namens: »Danann« oder »Danand«. Das veranlasst viele Forscher zu der Annahme, dass der Name dieser Göttin eine Rekonstruktion ist, die auf dem Namen Túatha Dé Danann beruht, der oft mit »Volk der Göttin Danu« übersetzt wird. Dieser Name Túatha Dé Danann ist selbst problematisch, da er möglicherweise erst später von den irischen Mönchen eingeführt wurde, um zwischen den lokalen irischen Göttern und den Personen in der Bibel zu unterscheiden, die als »Tuatha Dé« (Volk Gottes) bezeichnet wurden, was das Thema noch etwas komplizierter macht.

Viele Leute meinen, Danann würde nur kurz im *Lebor Gabala Erenn* auftauchen, doch sie hat auch einige Auftritte im *Cath Maige Tuired*: »Die Frauen, Badb, Macha, Morrígan und Danann, boten an, sie zu begleiten«, und: »... die drei Königinnen Ere, Fotla und Banba und die drei Zauberinnen Badb, Macha und Morrígan mit ihren beiden Ziehmüttern Bechuille und Danann.« (Gray, 1983) Es ist möglich, dass es sich bei der zweiten Erwähnung um einen Transkriptionsfehler handelt und es eigentlich »Dinann« heißen müsste, womit dann Be Cuille und Dinann, die beiden Töchter der Göttin Flidais, gemeint wären, die im *Lebor Gabala Erenn* als Bäuerinnen erwähnt werden. Das würde in dem Zusammenhang, in dem das Zitat steht, wesentlich mehr Sinn ergeben. Ich möchte außerdem darauf hinweisen, dass mythologische Stammbäume sich aus vielen Quellen speisen und extrem verwickelt und verschachtelt sind. So wird in einer Version des *Lebor Gabala Erenn* »Danand« als eine Tochter Flidais' beschrieben, doch später heißt es, die Mutter Bechuilles sei Danu, nicht Flidais. Dagegen spiegelt sich im *Cath Maige Tuired* eine andere Auffassung der Göttinnen wider. Danu wird als »Göttermutter« beschrieben und, in manchen Versionen, mit Anu gleichgesetzt, einer der Morrignae und Tochter Ernmas' (Macalister, 1941).

Doch wird in anderen Versionen Anu als Ernmas' siebte Tochter aufgelistet, was Danu/Anu zur Schwester der drei Morrignae macht, statt selbst Teil der Triade zu sein. Wir lesen, dass sie mit Morrigu gleichgesetzt wird und dass sie ihrem eigenen Vater drei Söhne gebar und außerdem die Mutter aller Götter war, zum Beispiel an dieser Stelle: »Die Morrigu, Tochter des Delbaeth, war die Mutter der anderen Söhne des Delbaeth: Brian, Iucharba und Iuchair. Und nach ihrem Beinamen ›Danann‹ sind die Brüste der Ana in Luachair benannt und ebenso die Túatha Dé Danann.« (Macalister, 1941)

Manchmal wird sie mit Brighid gleichgesetzt, weil beide an unterschiedlicher Stelle als Mutter der drei Söhne Tuireanns bezeichnet werden. Es ist möglich, dass Danu ein Name war, der für Anu, die Morrigu oder Brighid benutzt wurde, aber ebenso gut kann es sein, dass die späteren Verweise auf Danu von Mönchen eingefügt wurden, die ihr eine größere Legitimität unter den Göttinnen verschaffen wollten. Die dritte Möglichkeit besteht natürlich darin, dass es sich dabei ursprünglich um regionale Varianten der Erzählungen handelte, bei denen jeweils eine andere Göttin in der gleichen Rolle auftrat, je nachdem welche Göttin in der einzelnen Region besonders verehrt wurde. Der spätere Versuch, diese Versionen zu vereinheitlichen, erzeugte dann das trübe Wasser, mit dem wir es heute zu tun haben.

Anderswo in der Literatur wird Danu als Göttin und Druidin beschrieben (O hOgain, 2006). Sie wird manchmal als die Göttermutter bezeichnet, aber in anderen Texten besonders mit den drei Göttern des Handwerks assoziiert (O hOgain, 2006). Es ist äußerst schwierig, eine in sich schlüssige Liste ihrer möglichen Eltern, ihrer Geschwister oder Kinder zu erstellen. Es existieren nur wenige persönliche Informationen über Danu, die nicht an anderer Stelle anderen Göttinnen zugeschrieben werden, was in mir den Verdacht weckt, dass Danus Geschichte, wenigstens teilweise, erst in späterer Zeit in die Mythologie eingebaut wurde.

Viele moderne Autoren bringen sie mit der walisischen Göttin Don in Verbindung und mit keltischen Göttinnen des europäischen Festlandes. Das wird mit der weiten Verbreitung der Wortwurzel Dánuv begründet, die zum Beispiel mit dem Fluss Donau in Verbindung gebracht wird. Der Name Danu selbst scheint von einem proto-indoeuropäischen Wort für »Fluss« hergeleitet zu sein.[6] Es bestehen bei ihr Assoziationen zu Flüssen und zum Land; wahrscheinlich handelte es sich ursprünglich um eine Flussgöttin, die später zu einer Land- oder Erdgöttin wurde (O hOgain, 2006).

Danu kommt in vielen modernen mythischen Geschichten vor, die ja natürlicherweise der persönlichen Inspiration der Autorinnen und Autoren entstammen. Alexei Kondratiev schrieb einen Essay mit dem Titel »Danu und Bile: die Ur-Eltern?« Darin erklärt er Danu und Bile zu den wahrscheinlichen Eltern der Götter. Ähnlich betrachtet auch Berresford Ellis Danu und Bile als Paar. Manche heutigen Heiden und Druiden haben um dieses Paar herum ausführliche Schöpfungsmythen geschaffen, und in Internetquellen wird Danu als Mutter von Göttern wie Cernnunos und Dagda bezeichnet. Am besten dürfte es sein, dabei nicht zu vergessen, wie wenig substanzielle historische Informationen über diese Göttin existieren. Dann lassen sich diese modernen Mythen und Vorstellungen besser einordnen.

Eine Beziehung zu dieser Göttin aufzubauen, wäre eine echte Herausforderung, und man müsste sich dabei zum großen Teil auf die eigene Intuition verlassen. Der Mangel an Informationen und Mythologie bedeutet, dass wir nur wenige Anhaltspunkte haben, mit denen wir arbeiten können. Sie ist eine Flussgöttin. Sie ist eine Landgöttin. Sie ist Mutter vieler Kinder und Druidin. Mehr Informationen haben wir nicht. Jenseits davon müssen Sie sich von Ihrer eigenen Inspiration leiten lassen.

DIE MORRÍGAN IN MEINEM LEBEN

Die Morrígan ist eine sehr komplexe Göttin, und das gilt auch für die anderen göttlichen Wesen, die unter diesem Titel bekannt sind. Seit Jahren beschäftige ich mich mit den drei Morrígans, und während ich mein Wissen vertiefe und mich ihnen annähere, so gut es geht, habe ich auch diese anderen Göttinnen geehrt, die so oft mit ihr in Verbindung gebracht werden. Meine diesbezüglichen Erfahrungen waren gemischt. Zu manchen gelang es mir, eine echte Verbindung aufzubauen, während zu anderen überhaupt keine Resonanz entstehen wollte.

Mit Nemain machte ich nur wenige persönliche Erfahrungen. Ich bin ihr nur wenige Male begegnet; sie erscheint mir als nackte Kriegerin, bemalt mit dem Blut ihrer Feinde. Sie strahlt eine grimmige und furchteinflößende Energie aus, auch dann, wenn sie es nicht beabsichtigt. Mit Fea oder Be Neit hatte ich noch keine persönlichen Erfahrungen.

Seit vielen Jahren huldige ich zur Sommersonnenwende Áine, und ich tue es gern. Meine Familie bäckt jedes Jahr einen Kuchen für sie, den wir ihr und dem Feenvolk als Opfer darbringen. Ich bin immer noch nicht überzeugt, dass sie eine der Morrígans ist, aber ich bin mir sicher, dass sie eine mächtige und komplexe Göttin ist.

Was Grian angeht, beginne ich gerade erst, sie zu verstehen, aber es fühlt sich richtig an, sie mit der Wintersonnenwende zu assoziieren und sie an diesem Tag zu ehren. Ich spüre, dass sie in der Kälte des Winters die Hoffnung auf die Rückkehr der Wärme ist und die Kraft der Erneuerung, das Versprechen der Sonnenwende, dass von nun an die Tage wieder länger werden und dass der Frühling kommen wird, auch wenn er noch weit weg ist. Ich opfere ihr gewürzten Apfelsaft und Cookies, und so wie meine

Familie an Mittsommer einen Kuchen für Áine bäckt, ehren wir am Mittwintertag Grian mit einem Kuchen.

Danu war sogar die allererste irische Göttin, der ich mich zuwandte, als ich das Irische Heidentum für mich entdeckte. Ich sehe sie auf eine sehr breite, umfassende Weise als die All-Mutter. Ich sehe sie als eine ehrfurchtgebietende Frau von großer Macht und Kraft, in Grün gekleidet, mit dunklen Haaren und Augen. Ihre Energie ist wie der Planet Erde selbst, unermesslich stark und fest, und weit und von wogender Bewegung erfüllt wie das Meer. Danu strahlt etwas unbeschreiblich Altes aus, und ihr Wesen hat etwas Unpersönliches.

5

Die Morrígan in der Mythologie

Die irischen Geschichten und Mythen, in denen die Morrígan eine Rolle spielt, sind zahlreich und von großer Vielfalt. Wenn wir verstehen wollen, wer die Morrígan eigentlich war und ist, kann es enorm hilfreich sein, sich ihre vielen Auftritte in den Erzählungen genauer anzuschauen.

Es würde den Rahmen dieses Buches sprengen, alles, was über die Morrígan berichtet wird, erschöpfend zu behandeln, aber ich werde Ihnen die besonders bedeutungsvollen Quellen gerne vorstellen. Diese Geschichten vollständig wiederzugeben, wäre allerdings zu umfangreich, weshalb ich mich auf die Teile beschränke, in denen die verschiedenen Morrígans eine wichtige Rolle spielen. Ich empfehle Ihnen aber sehr, die Erzählungen bei Gelegenheit einmal im Ganzen zu lesen.

DIE MORRÍGAN UND DIE LANDNAHME-LEGENDEN

Die Morrígan, Badb und Macha sind im *Cath Maige Tuired*, den beiden Sagen über die zwei Schlachten von Maige Tuired, präsent. In der Sage über die erste Schlacht von Maige Tuired wird von der Ankunft der Túatha Dé Danann in Irland berichtet und von ihrem Kampf gegen die Fir Bolg – urtümlichen Wesen, die damals die Insel bewohnten. In der Sage über die zweite Schlacht wird erzählt, wie die Túatha Dé Danann gegen die Formoren kämpften, Wesen aus der Unterwelt, mit denen sie sich das historische Irland teilen. In beiden Erzählungen spielen die Kriegsgöttinnen eine wichtige Rolle, indem sie bei der Verteidigung ihres Volkes mithelfen.

In der ersten Schlacht von Maige Tuired treten die drei Morrígans zum ersten Mal in Erscheinung, als die Schlacht gegen die Fir Bolg kurz bevorsteht. Es wird erzählt:

»Da geschah es, dass Badb, Macha und Morrígan zu der Anhöhe gingen, wo die Geiseln genommen worden waren, und zu dem Hügel der Gastversammlung in Tara. Von dort sandten sie zunächst magische Wolkenbrüche und dichte, undurchdringliche Nebelschwaden. Dann ließen sie Feuer vom Himmel regnen, gefolgt von gewaltigen Mengen roten Blutes, das sich wie ein Platzregen auf die Köpfe der feindlichen Krieger ergoss; drei Tage und Nächte lang wurden die Fir Bolg von ihnen pausenlos in Schrecken versetzt.« (Fraser, 1915)

Die Zauberkraft der drei Schwestern ist enorm, und zur Schmach der Fir Bolg sind ihre eigenen Zauberer im Verhältnis dazu ohnmächtig. Später, während des ersten Waffengangs, klagt der Poet der Fir Bolg angesichts des Gemetzels: »Die Rote Badb wird ihnen für ihr überlegenes Kampfgeschick danken.« (Fraser, 1915)

Vor dem nächsten Waffengang werden alle Edlen der Túatha Dé Danann genannt, die in vorderster Reihe vorrücken, und wir erfahren, dass Morrígan, Badb, Macha und Danann die Krieger begleiten. Auch am vierten Tag der Schlacht ziehen die drei Morrígans, ihre Schwestern, die Souveränitätsgöttinen Eriu, Fotla und Banba sowie ihre Ziehmütter Danann und Be Chuille mit den Männern in den Kampf. An diesem Tag richten die Göttinnen hinter ihrem Heer Pfähle auf, so dass die Krieger nicht zurückweichen können, sondern kämpfen müssen. So triumphieren die Túatha Dé Danann schließlich, wenn auch ihr König Nuada in der Schlacht seinen Arm verliert.

In der zweiten Schlacht von Maige Tuired erscheint die Morrígan Lugh und beschwört ihn, gegen die Formoren zu kämpfen, von denen die Túatha Dé Danann unterdrückt werden. Dieses Erscheinen der Göttin ist offenbar der Auslöser des Krieges zwischen den beiden Völkern.

An Samhain trifft sich die Morrígan mit dem Dagda zu einem Stelldichein, nach dem sie ihm verspricht, den Túatha Dé Danann in der zweiten Schlacht von Maige Tuired zu helfen. Wir lesen, dass der Dagda ein Jahr vor der Schlacht das Stelldichein mit der Morrígan eingefädelt hatte. Er traf sie an einem Fluss an, wo sie breitbeinig über einem Fluss stand und Wäsche wusch. Dabei hing ihr Haar in neun Teilen herab. Einer ihrer Füße stand auf dem Südufer, der andere auf dem Nordufer. Der Dagda sprach sie an. Daraufhin hatten sie dort an dem Fluss Sex, und der Ort heißt seither »Das Bett des Paares«.

Nach dem Sex fordert die Morrígan den Dagda auf, die kriegskundigen Götter zu ihr an den Fluss zu rufen. Sie verspricht, Indech, einen der Formorenkönige, aufzusuchen und

»… ihm das Blut seines Herzens und die Nieren seines Kampfesmutes zu stehlen« (Gray, 1983). Als die Heerführer der Túatha Dé Danann dann zu ihr kommen, überreicht sie ihnen zwei Handvoll Blut als Symbol dafür, dass sie den formorischen König vernichtete. Der Ort, an dem das geschah, erhielt den Namen »Furt der Vernichtung«. Physisch starb Indech bei seiner Begegnung mit der Morrígan noch nicht, er fiel aber in der folgenden Schlacht. Das deutet darauf hin, dass ihr Angriff auf den König eine magische Handlung war, bei der das Blut seine Tapferkeit und Stärke symbolisierte, die sie ihm raubte, wodurch er dann im Kampf besiegt werden konnte.

Als das Heer der Túatha Dé Danann sich versammelt hat, fragt Lugh die Morrígan, was sie zu der Schlacht beitragen wird. Sie entgegnet: »Das ist schnell beantwortet … Ich bin standhaft; ich werde angemessen auf das antworten, was ich sehe; ich vermag zu töten; ich werde jene vernichten, die bezwungen werden müssen.« (Gray, 1983) Wir erfahren dann weiter, dass Macha und Nuada durch die Hand des Formorenkönigs Balor in der Schlacht fallen. Macha findet sich als einzige Frau in der Auflistung der gefallenen Krieger, weswegen es völlig logisch ist, davon auszugehen, dass sie kämpfend an der Seite ihres Mannes starb.

Über die Morrígan heißt es: »Dann kam die Tochter der Ernmas, die Morrigu, spendete den Túatha Dé Danann Mut und rief sie auf, unerschrocken und wild zu kämpfen. Daraufhin brachten die Túatha Dé den Formoren eine verheerende Niederlage bei und drängten sie bis ans Meer zurück.« (Cross & Slover, 1936) Nach dem Sieg der Túatha Dé Danann wird Badb gebeten, die Neuigkeit zu verkünden. Dabei prophezeit sie die Zukunft der Welt, das Gute und Schlechte, das kommen wird.

DIE MORRÍGAN IM ULSTER-ZYKLUS

Die Hauptsage des Ulster-Zyklus ist das *Táin Bó Cúailgne*, die Geschichte eines Krieges zwischen den beiden irischen Provinzen Connacht und Ulster um zwei große Stiere, bei denen es sich eigentlich um verzauberte Rinderherden handelt, die im Laufe der Zeit unterschiedliche Gestalten annahmen. Die Hauptfiguren dieser Sage sind der Held Cu Chulain und Medb, die Königin von Ulster, auch wenn es sich um ein Epos handelt, das viele Jahre umspannt und in dem eine Vielzahl weniger bedeutender Charaktere auftritt, einschließlich Cu Chulains Wagenlenker und Medbs Ehemann. Die Morrígan spielt in Gestalt Machas ebenfalls eine entscheidende Rolle, und in einer die Vorgeschichte der eigentlichen Sage beschreibenden Erzählung taucht sie außerdem als Badb und Morrigu auf. Außerdem begegnen wir Nemain und Bé Neit.

Keine Beziehung in der irischen Mythologie ist komplexer als die zwischen der Morrígan und dem Helden Cu Chulain. Manche Leute haben den Eindruck, ihr Verhältnis zueinander sei antagonistischer Natur, bei dem die Morrígan sich gegen ihn wendet und schließlich seinen Tod verursacht; andere sind der Ansicht, dass sie ihn liebte oder er jedenfalls hoch in ihrer Gunst stand und dass ihre Handlungen dazu dienen sollten, seinen Ruhm als Krieger zu mehren. Meine eigene Meinung liegt dazwischen: Ich glaube, dass die Morrígan die im *Táin Bó Cúailgne* geschilderten Ereignisse aus ihren eigenen Gründen herbeiführte und dass sie dafür Cu Chulains Hilfe benötigte, aber ihre Beziehung zu ihm erscheint sehr ambivalent. Am wichtigsten scheint ihr der Krieg selbst zu sein, und eindeutig verursacht sie diesen. Zwar bevorzugt sie dabei klar Ulster und entsprechend den Braunen Bullen, den sie im *Táin Bó Regamna* von ihrer eigenen Kuh gebären ließ, aber sie sucht auch oft Streit mit Cu Chulain und legt ihm Steine in den Weg. Einmal kommt es in der Sage sogar so weit, dass Cu Chulain nur dadurch überlebt, weil Lugh mit seinen Sí-Kriegern eingreift und den Helden heilt.

Es ist wichtig, sich darüber im Klaren zu sein, dass der ganze Krieg einzig und allein deshalb stattfindet, weil Macha die Männer Ulsters verflucht hat, wie bereits im Kapitel über Macha erwähnt. Dieser Fluch schwächt die Männer Ulsters, wenn sie eigentlich ihre Kraft besonders dringend brauchen, wirkt sich aber nicht auf Cu Chulain aus, entweder wegen seiner Jugend oder weil der Gott Lugh sein Vater ist. Das bedeutet, dass nur Cu Chulain allein Ulster verteidigen kann, als das Heer von Connacht angreift. Hätte nicht Machas Fluch auf den Kriegern Ulsters gelastet, wäre die ganze Geschichte anders ausgegangen.

In der Sage *Táin Bó Regamna* begegnet Cu Chulain der Morrígan zum ersten Mal, nachdem er die Schreie einer Kuh hörte. Als er nach der Ursache des Lärms sucht, bietet sich ihm ein sehr sonderbarer Anblick: ein einbeiniges Pferd, das mit Hilfe eines Pfahls an einen Streitwagen gebunden ist. In dem Wagen sitzt eine rothaarige, in einen roten Mantel gehüllte Frau, und nebenher treibt ein Mann eine Kuh. Cu Chulain will von dem Mann wissen, wem denn diese Kuh gehöre, aber stattdessen antwortet die Frau. Sie entgegnet, er möge sich um seine eigenen Angelegenheiten kümmern. Der Wortwechsel geht weiter, und die Frau provoziert den Helden mit ihren Antworten immer mehr, bis er schließlich auf ihre Schultern springt und sie mit dem Speer bedroht. Sie sagt daraufhin, sie sei Satirikerin – eine Art Dichterin – und rezitiert für ihn ein Gedicht. Er springt wieder herunter und schleudert einen Speer auf sie, sieht aber im nächsten Moment, dass alles, was er da eben sah, verschwunden ist. Die Frau hat sich in einen Raben verwandelt, der auf einem Ast sitzt.

Als er erkennt, dass er es mit der Morrígan zu tun hat, sagt er, dass ihre Begegnung von Anfang an anders verlaufen wäre, wenn er gewusst hätte, wen er vor sich hatte. Sie entgegnet, er werde für das bezahlen, was er getan habe. Er sagt, sie habe keine Macht über ihn. Sie entgegnet, da befinde er sich im Irrtum. Dann sagt sie, sie wisse, dass er sterben werde, und sie werde bei ihm Totenwache halten. Dann stachelt sie ihn zum Kampf an, indem sie erklärt, dass die Kuh ihr gehört und von ihr aus dem Sí von Cruachan geholt wurde, um sie vom Bullen von Cualgne decken zu lassen. Das wird dann zum Táin Bó Cúailgne führen. Sie prophezeit Cu Chulains Tod für den Zeitpunkt, wenn das ungeborene Kalb dieser Kuh ein Jährling sein werde. Er nimmt die Herausforderung zum Kampf gerne an, weil er darin eine gute Gelegenheit sieht, seinen Ruhm zu mehren. Er sagt, er sei sicher, dass er bei dem Kampf nicht sterben werde, und sie verspricht, ihn zu besiegen, indem sie ihn in drei verschiedenen Gestalten angreift: als Aal, der ihm die Füße fesselt, als Wölfin, die ihn beißt, und als andersweltliche Kuh, die eine ganze Kuhherde auf ihn hetzen wird. Auf jede dieser Drohungen erwidert er, dass er sie bezwingen wird und dass die Wunden, die er ihr zufügen wird, nur durch seinen Segen geheilt werden können. Dann gehen die beiden ihrer Wege, und die Morrígan kehrt zur Höhle von Cruachan zurück.

Im *Táin Bó Cúailgne* besteht der erste Auftritt der Morrígan darin, dass sie, entweder als Frau oder in Gestalt einer Krähe, auf einer Steinsäule in der Nähe des Braunen Bullen, des Donn of Cúailgne, sitzt, der mit seinen fünfzig Kühen auf der Weide grast. Sie spricht mit dem Bullen und warnt ihn vor dem bevorstehenden Rinderraub. Er soll mit seiner Herde diesen Ort verlassen. Das ist die zweite Szene, in der sie mit dem Bullen interagiert. Zuvor geschah das schon einmal im *Táin Bó Regamna*.

Badb begegnet uns zum ersten Mal, als sie der Königin Medb im Traum erscheint und sie dazu anstachelt, ihren Sohn zu rächen, der getötet wurde. Das erinnert an die Art und

Weise, wie die Morrígan in der zweiten Schlacht von Maige Tuired Lugh erschien und ihn zum Kampf anstachelte oder wie sie im *Táin Bó Regamna* Cu Chulain erschien und ihn zum Kampf im zukünftigen *Táin Bó Cúailgne* herausforderte. Krieger zum Kampf anzustacheln ist im Zusammenhang mit der Morrígan ein wichtiges Thema.

Als Cu Chulain und die Morrígan sich das nächste Mal begegnen, erscheint sie ihm in Gestalt einer schönen jungen Frau, die verspricht, ihm zum Sieg zu verhelfen, wenn er mit ihr schläft. Er weist sie zurück und sagt, er sei gekommen, um zu kämpfen, nicht um bei einer Frau zu liegen. Später, in der Schlacht, erscheint sie ihm als Wölfin, Aal und Kuh. Bei jeder dieser Begegnungen trägt er eine Wunde davon. Doch auch er fügt ihr jedes Mal einen Hieb zu und sagt, er werde niemals zustimmen, dass sie geheilt wird. Dann erscheint sie ihm als alte Frau. Sie hat eine Kuh mit drei Zitzen bei sich und bietet ihm Milch von dieser Kuh an; nach jedem Trinken segnet er sie und heilt eine ihrer Wunden.

Es mag seltsam erscheinen, dass Cu Chulain sich so leicht täuschen lässt, aber wir sollten nicht vergessen, dass die Milchwirtschaft im alten Irland eine wichtige Rolle spielte. Es gab dort eine größere Vielfalt an Milchprodukten als in anderen damaligen Kulturen, und Milch, als Getränk in zahlreichen Variationen genossen, war sehr beliebt (MacCormick, 2008). Einem Mann zwischen den ihm alles abfordernden Waffengängen eines Krieges frische Milch anzubieten, war in der Tat eine große Versuchung. Ich glaube, das damalige Publikum konnte gut nachvollziehen, warum er so schnell auf das Angebot einging und die Frau segnete. Nach dem dritten Segen, als sie vollständig geheilt war, erinnerte sie ihn daran, dass er behauptet hatte, sie niemals segnen zu wollen. Darauf entgegnete er, er hätte dies auch niemals getan, wenn er gewusst hätte, dass sie es war.

Später in der Erzählung stößt Cu Chulain einen gewaltigen Kampfschrei aus, als er das Heer sieht, gegen das er antreten muss. Daraufhin erscheint Nemain in Begleitung vieler gefährlicher Geister. Sie schreit so grässlich, dass hundert Krieger vor Entsetzen sterben. Gulermovich Epstein schreibt, dass im *Táin Bó Cúailgne* Badb häufig in der Nähe des kämpfenden Cu Chulain auftaucht und einen großen Lärm veranstaltet (Gulermovich Epstein, 1998). Dann erscheint Nemain über dem großen Heer, diesmal in der Nacht, löst Verwirrung und Schrecken aus, und in manchen Versionen des Textes bringt sie prophetische Träume.

Zum letzten Mal begegnen wir der Morrígan in dieser Sage, als sie vor beiden Heeren erscheint und die Krieger mit einem Gedicht, das sie rezitiert, zum Kampf anstachelt. Sie verspricht beiden Seiten den Sieg, was offensichtlich gegenüber Ulster aufrichtig gemeint ist, während sie das andere Heer damit täuscht, so dass die Krieger Connachts sich auf einen Kampf einlassen, den sie nicht gewinnen können. Es ist aber auch möglich, dass es sich bei dem Gedicht gar nicht um eine Prophezeiung handelte, sondern einfach um eine anfeuernde Kampfesrede, einen Brauch, den die alten Iren *láided* nannten.

Zum Ulster-Zyklus gehört auch *Aided Conculaind*, »Der Tod des Cu Chulain«. In dieser Sage spielt die Morrígan ebenfalls eine wichtige Rolle. Vor der letzten Schlacht, in der Cu Chulain fällt, erscheint die Morrígan und zerstört seinen Streitwagen, um ihn davon abzuhalten, in den Kampf zu ziehen. Doch er deutet es als Angriff, den sie gegen ihn persönlich ausführt, oder als schlechtes Omen. Am Morgen vor der Schlacht weint sein Pferd Liath Macha, »der Graue von Macha«, blutige Tränen, was den Tod des Helden ankündigt. In manchen Versionen der Sage sieht er auf dem Weg in die Schlacht Badb als Wäscherin an der Furt und weiß, dass sie seine blutige Kleidung wäscht, ein Todesomen.

Während der Schlacht kämpft Liath Macha erbittert und versucht noch, nachdem ihm selbst eine tödliche Wunde zugefügt wurde, Cu Chulain zu verteidigen. Als der Held schließlich so schwer verwundet ist, dass er sein Ende nahen sieht, bindet er sich an einer Säule fest, um aufrecht stehen zu bleiben, damit seine Feinde aus Angst, er könnte noch leben, nicht wagen, sich ihm zu nähern. Doch dann heißt es in der Erzählung: »Aber es kamen die Kriegsgöttin Morrigu und ihre Schwestern in Gestalt von Nebelkrähen und setzten sich auf seine Schulter.« (Jones, 2014). Erst da sind sich seine Feinde sicher, dass er tot ist, und nähern sich, um ihre Trophäe zu holen. Damit erfüllt sich die Prophezeiung der Morrígan aus *Táin Bó Regamna*, denn sie hält tatsächlich seine Totenwache.

DIE MORRÍGAN
IN MEINEM LEBEN

Meine erste Begegnung mit der Morrígan erfolgte nicht in alten Epen oder unter Neuheiden. Nein, ich begegnete ihr in einem Kinderbuch, in dem sie die Schurkin war. Der Roman von Pat O'Shea heißt *Die Meute der Morrígan* und ist bis heute eines meiner Lieblingsbücher. Darin begeben sich zwei Kinder, Bruder und Schwester, auf eine Reise in die Anderswelt. Angus mac Og und seine Schwester Brighid helfen ihnen dabei. Die Kinder sind im Besitz einer Reliquie, auf die es die Morrígan abgesehen hat, weil es sich um das Gefängnis einer mächtigen Kreatur handelt. Gelingt es ihr, in den Besitz der Reliquie zu gelangen, verleiht ihr das so viel Macht, dass sie die ganze Welt beherrschen kann. In der Geschichte wird die Morrígan als Motorrad fahrende alte Frau dargestellt, die zusammen mit ihren beiden Schwestern Chaos erzeugt und den Kindern immer neue Schwierigkeiten bereitet.

Es könnte seltsam erscheinen, dass ich das Buch so sehr mag, obwohl die Morrígan darin als Schurkin dargestellt wird, aber als Kind war ich fasziniert von der Art, wie sie und all die anderen magischen und mystischen Wesen in der Geschichte beschrieben werden. Ich fürchtete mich nie vor dieser fiktionalen Morrígan und ihren Schwestern, sondern fand sie auf eine schwer zu erklärende Weise interessant und sympathisch. Ich wollte nicht, dass die Morrígan gewann, und doch ergriff ein Teil von mir für die drei Schwestern Partei und wünschte sich, dass sie ihre alte, glanzvolle Macht zurückerlangten, was im Buch nur angedeutet wurde. Jahre später nahm ich dann in den alten Sagen und Mythen die Handlungsfäden der Morrígan-Geschichte wieder auf, doch meine erste Bekanntschaft mit ihr, aus der Perspektive eines Kindes, habe ich nie vergessen.

6

Tiere und die Morrígan

Die Morrígan und ihre Schwestern wurden immer wieder mit Tieren in Verbindung gebracht. Um besser verstehen zu können, welche Bedeutung die Tiere haben, deren Gestalt sie annimmt, schauen wir uns nun einmal an, welche Rolle diese Tiere in der altirischen Kultur spielten. In der Sage *Táin Bó Regamna* erscheint die Morrígan in Gestalt eines Raben. In der Geschichte von der Halle Da Dergas erscheint Badb als Krähe. Im *Táin Bó Cúailgne* verwandelt sich die Morrígan im Kampf gegen Cu Chulain in eine Wölfin, einen Aal und eine Kuh. Macha wird ebenfalls mit Krähen und mit Pferden assoziiert. Wir werden uns nun nacheinander die für die Morrígan bedeutsamen Tiere anschauen.

RABEN

Der Rabe, irisch *fiach* oder *fiach dubh*, wird schon seit langer Zeit mit der Morrígan assoziiert. Es ist bekannt, dass die Morrígan und Badb häufig die Gestalt von Raben annehmen. Zum Beispiel verwandelt sie sich am Ende des *Táin Bó Regamna* in einen Raben, als sie Cu Chulain erscheint. Raben galten als Symbole für den Krieg – weil diese Vögel auf den Schlachtfeldern das Fleisch der Gefallenen fressen – und für das Wahrsagen (Green, 1992). Rabendarstellungen gibt es auf Münzen und Ritterrüstungen, und an Kultplätzen der Festlandkelten fand man in den Überresten der Opfergaben Rabenknochen (Green, 1992).

Der Rabe wurde als Omen-Vogel betrachtet. Man interpretierte Verhalten, Rufe und Flugrichtung der Raben, um die Zukunft vorherzusagen, wobei sie oft als Unglücksboten galten. Wenn zu Beginn einer Unternehmung ein Rabe auftaucht, gilt das als Omen für einen schlechten Ausgang des Vorhabens. Und das Erscheinen eines Raben an einem Haus kündigt einen bevorstehenden Todesfall an (O hOgain, 1995). Wenn andererseits ein Rabe mit Weiß gefiederten Flügeln rechts von einer Person flog und rief, glaubte man, dass diesem Menschen Gutes widerfahren würde (Anderson, 2008).

Der Autor Glynn Anderson weist darauf hin, dass die irischen Vorstellungen über Raben mit denen der Wikinger übereinstimmen, worin sich deren kultureller Einfluss widerspiegelt (Anderson, 2008). In irischen Sagen werden Raben mit mehreren Gottheiten assoziiert, unter anderem mit der Morrígan und mit Lugh (Anderson, 2008). Raben gelten als Seelenführer, die zwischen der Welt der Lebenden, der Welt der Toten und der Anderswelt reisen können. Sie werden häufig als Schicksalsboten betrachtet.

DIE NEBELKRÄHE

Der irische Name dieser Krähe ist *feannóg*, und ihr Erscheinen gilt ähnlich wie beim Raben teils als gutes, teils als schlechtes

Omen. Badb wurde auch Badb Catha genannt, was wörtlich »Badb der Schlachten« oder »Schlachtenkrähe« bedeutet. Und von ihr und der Morrígan heißt es, dass sie sich in Krähen verwandeln konnten (Green, 1992). Macha wird mit Krähen assoziiert, und eine Übersetzung ihres Namens lautet »Royston-Krähe«, was eine altertümliche Bezeichnung für die Nebelkrähe ist (*eDIL*, o.J.). Als Cu Chulain stirbt, erscheint eine Krähe, bei der es sich um eine der Morrígans gehandelt haben soll, und setzt sich ihm auf die Schulter, was seinen Feinden anzeigt, dass er tot ist (Green, 1992).

Im Gegensatz zu anderen Krähen sind bei Nebelkrähen nicht der ganze Körper, sondern nur Kopf, Brust, Flügel und Schwanz schwarz, alles andere ist grau. Das bewirkt, dass sie unter den anderen Krähen besonders auffallen. Weil auf den Shetlandinseln Nebelkrähen sehr häufig sind, galt dort der Anblick einer schwarzen Krähe als schlechtes Omen, das eine Hungersnot ankündigte (Gulermovich Epstein, 1998). Wie bei Raben gilt es als Zeichen für Tod und Unglück, wenn eine Krähe auf dem Dach eines Hauses landet oder es überfliegt. Jedoch besagt ein anderer Glaube, dass Unheil droht, wenn die Krähen eine Gegend verlassen (O hOgain, 1995; Anderson, 2008). Auch glaubte man in Irland, dass Hexen, Feen, Bansidhe und Badb in Gestalt von Nebelkrähen erscheinen können. Dieser Glaube war im County Clare besonders ausgeprägt. Die Nebelkrähen galten deshalb dort als Unglücksboten (Anderson, 2008).

Generell werden Krähen und Raben in den irischen Erzählungen nahezu die gleichen Eigenschaften zugeschrieben.

WÖLFE

Schon lange bevor die Kelten nach Irland einwanderten, waren Wölfe für sie von großer Bedeutung. Und auch für die dort ansässige neolithische Kultur dürften sie eine wichtige Rolle gespielt haben. Aus archäologischen Funden wissen wir, dass die Festlandkelten Wölfe jagten, um deren Pelze zu nutzen. Und Wolfsknochen und -zähne wurden von ihnen zu Schmuck verarbeitet (Green, 1992). In späteren Zeitperioden waren Wölfe als Bildmotive beliebt, allein oder kombiniert mit Hirschen (Green, 1992). Das Kriegshorn (Carnyx), das in der Schlacht geblasen wurde, um furchteinflößenden Lärm zu erzeugen, war manchmal wie ein Wolfskopf geformt, und die Rüstungen der Krieger waren mit Wolfsbildern verziert (Green, 1992). Krieger wurden manchmal als Wolfsköpfe bezeichnet, irisch: *coinchenn* (*eDIL*, o.J.).

In mehreren Quellen ist davon die Rede, dass manche Keltenstämme glaubten, von Wölfen abzustammen (Monaghan, 2004). Wölfe wurden mit der Nacht und der Unterwelt assoziiert, und wegen ihrer Wildheit wurde eine symbolische Verbindung zu den Kriegern hergestellt (Green, 1992; MacCulloch, 1911). Wenn wir alle diese Informationen verknüpfen, lässt sich sagen, dass Wölfe offenbar mit den Toten, mit Wildheit und Kampf assoziiert wurden. Es handelt sich also um Merkmale, die auch auf die Morrígan zutreffen.

Wölfe wurden zudem sehr stark mit Gesetzlosen und Gestaltwandlern in Verbindung gebracht. Das Wort *folc* bedeutet sowohl

Wolf wie gesetzloser Räuber (*eDIL*, o.J.). In der Mythologie findet sich die Vorstellung, dass Gesetzlose sich in Wölfe verwandeln und, seltener, dass die Geister von Menschen in Gestalt eines Wolfes umgehen konnten (Koch, 2005).

Hunde waren die domestizierte Variante des Wolfes, und es ist interessant, dass eine der Gestalten, in denen die Morrígan Cu Chulain attackierte, dessen Name »die Meute des Culan« bedeutet, die einer Wölfin war. Das geschah, als Cu Chulain Ulster verteidigte, womit er die rechte Ordnung und rechtschaffenes Verhalten repräsentierte, während die Morrígan ihm in einer Gestalt erschien, die mit Gesetzlosigkeit und einem Leben außerhalb der Gesellschaft assoziiert wurde, was dem Geschehen eine interessante symbolische Ebene verleiht.

AALE UND SCHLANGEN

Als die Morrígan gegen Cu Chulain kämpft, nimmt sie die Gestalt eines Aals an, und es hieß, dass ihr Sohn Meche drei Schlangen in seinem Herzen trug, die ganz Irland hätten vernichten können. Aale kommen in Irland vor, Schlangen jedoch nicht. Sie starben dort während der letzten Eiszeit aus. Daher besitzen Aale eine reale, körperliche Natur, während Schlangen eine eindeutig mystische Qualität aufweisen. In ihrem Buch *Animals in Celtic Life and Myth* schreibt Miranda Green, dass Schlangen Tod, Zerstörung, das Böse, Heilung und Fruchtbarkeit symbolisieren können und mit dem Wasser in Verbindung gebracht werden (Green, 1992). Interessant ist, dass die »Schlangen«, die in irischen Geschichten auftreten, meistens Wasserschlangen oder im Wasser lebende Schlangen sind, was darauf hindeutet, dass die Verbindung, die Green zwischen Schlangen und Wasser herstellt, sich durchaus aus der irischen Symbolik herleiten lässt.

Es ist schwer zu beantworten, warum die Morrígan Cu Chulain nicht als übernatürliche Schlange erscheint (wenn man berücksichtigt, dass es in Irland keine Schlangen gibt und daher eine Schlange eindeutig ein übernatürliches oder andersweltliches Element darstellt), sondern als völlig natürlicher Aal. Vermutlich sollte besonders herausgestellt werden, dass sie ihm in Gestalt dreier natürlich vorkommender Tiere erschien. Zusätzlich wird Badb mit Schlangen und Gift in Verbindung gebracht, und Nemains Name bedeutet »giftig« (Gulermovich Epstein, 1998).

KÜHE

Die Kuh, *bó* in irischer Sprache, und der Bulle, *tarbh*, spielen in vielen irischen Sagen eine wichtige Rolle, weil die irische Gesellschaft auf Viehbesitz beruhte. Reichtum wurde an der Zahl der Rinder gemessen, und es gab einen eigenen, *tána* genannten Literaturzweig mit Geschichten über den Raub von Rindern. Das Hausrind bildete die Basis für den gesellschaftlichen Rang eines Menschen und war die Währungseinheit. Rechtsstreitigkeiten wurden durch Bußzahlungen in Form von Rindern beigelegt (MacCormick, 2008). Der Wert der Tiere war unterschiedlich. Am wertvollsten war die Milchkuh (MacCormick, 2008).

Viele irische Göttinnen wurden mit Kühen assoziiert, konnten in Gestalt einer Kuh erscheinen, besaßen magische Kühe, insbesondere solche, die enorme Mengen an Milch gaben, oder wurden mit der Milch magischer Kühe aufgezogen. Als die Morrígan im *Táin Bó Cúailgne* zum ersten Mal in Gestalt eines Rindes erscheint, wird sie als hornlose rote Färse beschrieben. Eine Färse ist eine junge Kuh, die noch nicht gekalbt hat und daher von geringerem Wert ist. Später in der Erzählung tritt sie als alte Frau mit einer Kuh auf und benutzt die Milch dieser Kuh, um Cu Chulain zu täuschen. Auch bei Cu Chulains erstem Zusammentreffen mit der Morrígan spielt eine Kuh eine Rolle. Er versucht, sie daran zu hindern, eine Kuh wegzuführen, von der er glaubt, die Morrígan habe das Tier gestohlen. Das ist der Beginn des berühmten »Rinderraubs von Cooley«, *Táin Bó Cúailgne*.

Rinder als Bildmotiv symbolisieren Wohlstand und sind Zeugnis der Viehzüchterkultur der Kelten (Green, 1992). Auch die Gestaltung der keltischen Ringforts geht vermutlich auf die Rinderhaltung zurück, denn es gibt Hinweise, dass diese Bauwerke dazu dienten, Viehherden gegen Diebstahl zu schützen. Jedenfalls nutzte man sie für die Haltung des Viehs (MacCormick, 2008). Wir moderne Menschen können uns nur schwer vorstellen, welche zentrale, lebenswichtige Rolle

Kühe in der frühen irischen Gesellschaft spielten. Sie waren die Währung, von ihnen hing die soziale Stellung ab, sie waren die wichtigste Nahrungsquelle und Faktor bei der Gestaltung der Forts. Dass die Morrígan selbst als Kuh auftritt und eine wichtige Beziehung zu Kühen hat, vor allem zum Raub von Rindern, hat eine tiefe symbolische Bedeutung, die wir zumindest zu verstehen versuchen sollten.

Die Morrígan wird auf mehrere Arten mit Kühen in Verbindung gebracht. Wie wir gesehen haben, schlüpft sie im *Táin Bó Cúailgne* in die Gestalt einer Kuh, und später erscheint sie in Begleitung einer Kuh. Auch stiehlt sie in mehreren Geschichten Kühe, unter anderem im *Echtra Nerai* und im *Odras*. In der Odras-Erzählung stiehlt die Morrígan einen Bullen, den eine Frau namens Odras zurückholen will. Die Frau folgt dem Bullen bis zur Höhle von Cruachan, wo sie in Schlaf sinkt. Als die Morrígan sie so vorfindet, verwandelt sie Odras in einen Fluss. In der Odras-Geschichte sind ihre Motive schwer zu verstehen, aber ansonsten stiehlt die Morrígan üblicherweise Rinder, um Kriege anzustiften.

PFERDE

Pferde gelten im irischen Heidentum schon seit langer Zeit als heilig. Sie sind in Irland seit etwa 3000 v. Chr. nachgewiesen. Wir wissen, dass sie in der Zeit der Kelten eine wichtige Rolle spielten (O hOgain, 2006). Pferde waren Statussymbole, praktische Transportmittel, Arbeitstiere und wurden im Krieg eingesetzt. Die Iren kämpften im Sattel oder benutzten Streitwagen. Viele irische Götter werden mit Pferden assoziiert, darunter Macha, Áine, der Dagda und Manannan (O hOgain, 2006). Zum Beispiel hieß es von Áine, sie würde in Gestalt einer roten Stute in der Umgebung von Knockainey umherziehen. In vielen Sagen spielen Pferde eine Rolle, zum Beispiel Cu Chulains Pferde im *Táin Bó Cúailgne*: Eines von ihnen, der Graue von Macha, weinte vor dem Tod des Helden blutrote Tränen. Die Pferde des Donn eskortieren die Toten in die Anderswelt, und man glaubte, dass Pferde Geister sehen können (O hOgain, 2006). Schädel und Langknochen von Pferden wurden wie Menschenknochen in Beinhäusern aufbewahrt. Archäologisch wurden rituelle Pferdebestattungen nachgewiesen, die zeigen, wie wichtig Pferde für die Kelten waren (Green, 1992).

Auch in späterer Zeit war die Pferde-Symbolik für die Menschen wichtig. Das sieht man zum Beispiel am Lair-Bhan-Ritual (Lair Bhan = weißes Pferd) – eine in einen weißen Umhang gehüllte Person, die eine Nachbildung eines Pferdeschädels oder -kopfes trägt, führt eine Prozession an, die an Samhain von Haus zu Haus zieht. An Festen wie Lughnasa wurden Pferderennen veranstaltet, die oft mit besonderen Herausforderungen verbunden waren, zum Beispiel dass die Teilnehmer mit ihren Pferden einen Fluss durchschwimmen mussten. Es gibt einen sehr alten irischen Glauben, wonach Pferde einst wie die Menschen sprechen konnten und immer noch jedes Wort verstehen, das gesagt wird, weshalb man immer sanft und freundlich mit ihnen reden soll (O hOgain, 2006).

In den irischen Sagen gibt es Pferde aus der Anderswelt wie Each Uisce und Kelpie; in dem Kinofilm *Das weiße Zauberpferd* wird die Beziehung eines solchen Pferdes zu zwei Kindern im modernen Irland erzählt. Man glaubte, wenn eine Stute nacheinander sieben weibliche Fohlen zur Welt bringt (ohne ein Hengstfohlen dazwischen), dann sei das siebente Stutenfohlen ein glückliches und gesegnetes Tier. Man nannte es *fiorlair*, eine »wahre Stute« (O hOgain, 2006). Eine wahre Stute war vor Hexerei und Feenzauber geschützt, und dieser Schutz übertrug sich auf ihren Reiter (Monaghan, 2004). Generell brachten Pferde Glück, und man führte sie über ein frisch gepflügtes Feld, weil man glaubte, dass das Getreide besser wuchs, wenn ein Pferd über die frische Aussaat lief (O hOgain, 2006). Viele Schutzzauber und andere abergläubische Maßnahmen sollten Pferde vor dem bösen Blick, heimtückischen Feen oder Krankheiten schützen.

Zumindest ein Autor vertritt die Auffassung, dass der Verzehr von Pferdefleisch in Irland, von wenigen seltenen Ritualen abgesehen, tabu war; zwar wissen wir, dass in Gallien und Südengland Pferdefleisch verzehrt wurde, aber in Irland galt das Pferd damals offensichtlich nicht als Nahrungslieferant (Monaghan, 2004; Green, 1992). Es gibt nur einen anekdotischen Bericht, dass in Irland Pferde geopfert und verzehrt wurden, und zwar soll das bei der Krönung eines Königs geschehen sein. Darüber schrieb Gerald Cambrensis im 13. Jahrhundert:

Der neue König hatte Sex mit einer weißen Stute, die dann getötet und verspeist wurde; der König badete in dem daraus zubereiteten Stew und anschließend aß er davon, und mit ihm alle Gäste (Puuhvel, 1981). Dieses Ritual versinnbildlicht die Vereinigung des Königs mit der Souveränitätsgöttin, die durch das Pferd symbolisiert wird. Die Geschichte ist aber in mehrfacher Hinsicht problematisch. Sie entstand erst sehr spät, als Irland schon christianisiert war, und der Autor macht in seinem Buch *Topographia Hibernica* keinen Hehl aus seiner Verachtung für die Iren. Er bezeichnet sie als unzivilisierte Wilde. Das macht seine Geschichte über dieses barbarische Krönungsritual wenig glaubhaft (Wright, 1913).

EINE ANMERKUNG ZU TIEROPFERN UND HEILIGEN TIEREN

Rituelle Tieropfer sind ein schwieriges Thema. Es bleibe den Leserinnen und Lesern selbst überlassen, zu entscheiden, ob sie solche Rituale im Rahmen ihrer spirituellen Praxis für gerechtfertigt halten. Es ist aber sicherlich klug, die spirituellen Praktiken anderer zu respektieren, auch wenn sie sich von unseren eigenen unterscheiden. Viele Menschen lehnen Tieropfer prinzipiell ab, aber viele andere betrachten sie auch als unverzichtbaren Bestandteil ihrer Versuche, den historischen Glauben zu rekonstruieren und zu ehren. Ich werde nicht versuchen, die grundsätzlichen Auffassungen zum Thema

Tieropfer zu ändern, möchte aber alle dazu ermutigen, bei der Auswahl der Tiere für solche Rituale eine angemessene Entscheidung zu treffen.

Selbst wenn ich traditionelle religiöse Tieropfer im keltischen Kontext befürworte, bin ich konsequent gegen die Opferung und den Verzehr von Pferden. Das ist ein kontroverses Thema, aber ich habe eine klare Meinung dazu. Früher war ich einmal anderer Auffassung, was, wie ich zugeben muss, daran lag, dass ich zögerte, moderne Kulturen zu verurteilen, in denen Pferdefleisch gegessen wird. Aber inzwischen habe ich erkannt, dass ich sehr wohl die Praxis für falsch halten kann – wie auch den Verzehr des Fleisches von Wal, Hund oder Tiger –, ohne deshalb die Kultur an sich zu verurteilen, in der sie erfolgt.

Das von Gerald beschriebene Ritual gehört zu denen, die heutige Menschen bevorzugt anführen, wenn sie für die Wiedereinführung von Pferdeopfern eintreten. Es sprechen aber mehrere Gründe dafür, dieses Ritual nicht als Rechtfertigung für moderne Pferdeopfer zu benutzen. Erstens wurde es, wenn wir Gerald in diesem Punkt Glauben schenken, nur selten praktiziert, ausschließlich bei Ereignissen von höchster Wichtigkeit wie der Krönung eines Königs oder seiner Vermählung mit dem Land, über das er herrschte. Dazu gibt es keine moderne Entsprechung. Zweitens wurde hier öffentlich Sodomie praktiziert und im Blut des anschließend verspeisten Tieres gebadet; ich hoffe, es ist für jeden klar ersichtlich, warum es richtig ist, etwas Derartiges heute nicht mehr zu praktizieren. Darüber hinaus sieht man an den gallischen Opferstätten, wo Pferde- und

Menschenopfer gemeinsam bestattet wurden, dass die rituelle Tötung von Pferden offenbar als eine überaus ernste Angelegenheit betrachtet wurde, gleichrangig mit der Opferung eines Menschenlebens. Green vermutet, dass solche Opferrituale praktiziert wurden, wenn es darum ging, in der Schlacht zu siegen. Ein Krieger schwor den Göttern, ihnen im Falle seines Sieges die ganze Kriegsbeute zu opfern: Waffen, Pferde und Kriegsgefangene (Green, 1992).

So, wie wir keine Menschenopfer mehr praktizieren, weil das gegen unsere gesellschaftlichen Normen und Moralvorstellungen verstößt, sollten wir auch Pferdeopfer als etwas betrachten, das zu Recht der Vergangenheit angehört. Genau wie Hunde sind Pferde von uns domestiziert worden, damit sie mit uns arbeiten und damit wir uns an ihnen als Haustiere erfreuen können; sie sind keine Nahrungsmittel. Es mag sein – oder auch nicht –, dass unsere Vorfahren sie verspeisten, aber sie hatten, was die Ernährung anging, weniger Optionen als wir. Sie mussten ihre domestizierten Haus- und Hoftiere essen – wir nicht. Unbedingt zu beachten ist außerdem, dass solche Haustiere, bei denen eine Schlachtung für die menschliche Ernährung ursprünglich nicht vorgesehen ist, Pferde vor allem, oft mit zahlreichen Medikamenten behandelt werden, einschließlich Schmerzmitteln wie Phenylbutazon, die für Menschen sehr schädlich sein können, wenn sie das Fleisch dieser Tiere verzehren.

Zu guter Letzt habe ich das starke Gefühl, dass es eindeutig falsch ist, Macha Pferde zu opfern. In der irischen Mythologie gilt es fast immer als *geis* (ein rituelles Tabu oder Verbot), das Tier zu essen, zu dem wir eine besondere spirituelle Verbindung haben; für Cu Chulain bestand eine *geis* dagegen, Hundefleisch zu essen, Dairmud durfte keine Eber jagen, weil bei ihm eine magische Verbundenheit zu diesem Tier bestand, und, ein weiteres Beispiel, Conaire konnte keine Vögel jagen. Da die Pferde Tiere Machas sind, wäre demnach das Töten und Verzehren eines Pferdes ein Affront gegen diese Göttin, ein Opfer, das sie nicht akzeptieren würde. Ich persönlich empfing die *geis*, kein Pferdefleisch essen zu dürfen, als ich Machas Priesterin wurde. Ich muss daher zugeben, diesbezüglich voreingenommen zu sein, aber ich glaube, es gibt einfach sehr starke Argumente, die gegen das Opfern von Pferden sprechen. In *The Religion of the Ancient Celts* schreibt MacCulloch: »In den irischen Sagen hatte es tödliche Folgen, wenn jemand ein Tier tötete oder verspeiste, zu dem durch Namen oder Abstammung eine besondere Verbindung bestand.« (MacCulloch, 1911)

Die Logik sagt uns, dass dann, wenn es *geis* ist, ein Tier zu verletzen oder zu verzehren, zu dem der betreffende Mensch eine Verbindung hat, es folgerichtig auch tabu sein muss, Göttern solche Tiere zu opfern, bei denen eine besondere Verbindung zu dieser Gottheit besteht. Auch wurden in anderen keltischen Siedlungsgebieten Belege gefunden, dass bestimmte Tiere aufgrund ihrer heiligen Natur oder ihrer Assoziation mit einem Gott oder einer Göttin nicht getötet oder verzehrt wurden (MacCulloch, 1911). Es ist keinerlei konkretes Beispiel aus der irischen Mythologie oder dem Volksglauben bekannt, wo Macha je Pferde geopfert wurden. Wir verfügen aber sehr wohl über Belege dafür, dass das Töten oder Verzehren symbolisch bedeutsamer, heiliger Tiere tabu war. Und ich denke, wir sollten davon ausgehen, dass dies auch für die anderen Morrígans und ihre heiligen Tiere gilt.

DIE MORRÍGAN IN MEINEM LEBEN

Tiere erscheinen in den Sagen häufig als Glücks- oder Unheilboten, und die Tiere der Morrígan, vor allem Krähen und Raben, gelten als Boten dieser Göttin, die Unglück ankündigen. Bei den Tieren der Morrígan ist es nicht nur wichtig, sie zu achten und zu ehren, sondern auch bewusst auf ihre Anwesenheit und ihr Verhalten zu achten. Natürlich kündigen sie keinesfalls in jeder Situation Unheil an — manchmal ist ein Aal einfach nur ein Aal —, aber wenn wir dem, was in unserer Umgebung geschieht, Aufmerksamkeit schenken, können wir Blicke auf das Numinose erhaschen.

Im Juni 2014 hatte ich das Privileg, an einem dreitägigen Retreat teilnehmen zu können, das der Morrígan gewidmet war. Es fand in Temenos, Massachusetts, statt, einem abgelegenen, autarken Retreat Center, das nicht ans öffentliche Stromnetz angeschlossen ist. Es war eine erstaunliche, transformative Erfahrung, bei der Rituale für Badb, Macha und Anu durchgeführt wurden, außerdem gab es Workshops, Musik und faszinierende Begegnungen mit Menschen aus allen möglichen heidnischen Traditionen und Glaubenssystemen, die zusammengekommen waren, um die Morrígan zu feiern und zu ehren. Viele kamen von weit her, nicht nur geografisch, sondern auch im Hinblick auf ihre Weltanschauung. Dieses Wochenende war ein schönes Beispiel dafür, was wir als Gemeinschaft verwirklichen können, wenn wir für ein gemeinsames Ziel unsere Unterschiede hinter uns lassen.

Während meiner ganzen Zeit dort sah ich keine einzige Krähe. Ich hörte auch keine Krähenrufe. Die Abwesenheit dieser Vögel fiel mir auf, weil sie dort, wo ich wohne, sehr häufig sind und ich daran gewöhnt bin, sie jeden Tag zu sehen und zu hören. Erst an diesem Ort, wo es sie offenbar nicht gab, wurde mir bewusst, wie sehr ich an ihre Anwesenheit gewöhnt war. Als wir nach dem Wochenende von dem Berg, wo Temenos liegt, hinab fuhren, gelangten wir an die Stelle, wo der unbefestigte Waldweg in eine Teerstraße übergeht. Sie stellte sozusagen den Übergang aus dem heiligen Raum des Retreats zurück in die Alltagswirklichkeit dar. Als wir diese Grenze überschritten, flogen drei Krähen von rechts nach links vor uns über die Straße. Da wusste ich, mit absoluter Gewissheit, dass dies ein Omen war, und auch ein Segen.

7

Die Morrígan
in der modernen Welt
entdecken

Die Morrígan in der modernen Welt ist mindestens so komplex wie die historische Göttin. Viele Menschen vernehmen heute ihren Ruf, und jeder und jede bringen dabei ihre eigenen Anschauungen und Meinungen mit. Ehrlich gesagt könnte man ein ganzes Buch allein über diese modernen heidnischen Glaubensvorstellungen schreiben und die modernen Morrígan-Interpretationen immer noch nicht in ihrer Gänze erfassen. Für manche Leute ist sie nach wie vor die historische Göttin, die aber nun in einem modernen Kontext existiert und sich an diesen angepasst hat, für andere weist die Morrígan, die sie kennen, nur wenig Ähnlichkeit mit der alten irischen Göttin von Krieg und Tod auf.

Ich glaube nicht, dass ich Ihnen sagen kann, wie Sie mit ihr in Beziehung treten sollen oder wie sie Verbindung zu Ihnen aufnehmen wird, weil die Morrígan nicht nur ihre eigene, unterscheidbare Persönlichkeit besitzt, sondern auch wählen kann, auf welche Weise sie mit einzelnen Menschen interagiert. Am Ende aller bisherigen Kapitel habe ich stets versucht, zumindest bruchstückhaft, meine eigenen Gefühle und Erfahrungen im Umgang mit dieser Göttin zu schildern. Damit möchte ich Ihnen zeigen, wie eine moderne Beziehung zu ihr aussehen kann.

In diesem Kapitel nun möchte ich Ihnen einigen Stoff zum Nachdenken präsentieren, als Anregung, wie Sie in der heutigen Zeit mit der Morrígan in Beziehung treten können.

EINE NEUE DEFINITION »DUNKLER« GÖTTINNEN UND GÖTTER

Besonders verbreitet ist heutzutage die Vorstellung, bei der Morrígan handele es sich um eine dunkle Göttin. Seit ich Heidin bin, begegnet mir immer wieder das Konzept der dunklen Gottheiten, zuständig für Krieg, Tod und die Unterwelt. Die Bezeichnung »dunkel« weist auf eine Verbindung dieser Götter zu Lebensbereichen hin, vor denen viele Menschen Angst haben. Götter wie Kali, Baba Yaga, Odin, Ares, Hekate und natürlich die Morrígan werden häufig als dunkle Götter bezeichnet. Manche Menschen empfehlen, solche Götter völlig zu meiden, während andere dazu raten, im Umgang mit ihnen besonders vorsichtig zu sein. Man sagt über sie, dass sie unerbittlicher und härter sind als andere Götter. In Traditionen, die Ranke-Graves' Konzept der dreifaltigen Göttin – Jungfrau/Mutter/Greisin – folgen, übernehmen die dunklen Göttinnen die Rolle der Greisin. Und oft heißt es, die dunklen Götter würden über die dunkle Hälfte des Jahres herrschen, was auch wieder Assoziationen zu Zuständen weckt, die viele Menschen als bedrohlich oder negativ empfinden. Diese Ideen finden sich reichlich in Büchern, auf Websites und in Chats, denn sie sind im Neuheidentum sehr verbreitet. Auch ich folgte anfangs dieser üblichen Denkrichtung, obwohl ich mich Gottheiten widme, die für gewöhnlich als dunkel beschrieben werden, und eine Polytheistin bin, die einer anderen Kosmologie folgt als der Mainstream des Neuheidentums.

Inzwischen habe ich erkannt, dass dieses ganze Konzept der dunklen Götter in vielerlei Hinsicht eine Illusion ist. Es beruht auf einer Assoziation von Göttern mit Dingen, vor denen wir modernen Menschen uns fürchten, weil wir die Verbindung zu ihnen verloren haben. Die meisten modernen Menschen, vor allem jene, die noch nie Kriege mitgemacht haben, halten diese Aspekte des Lebens für negativ und versuchen, ihnen auszuweichen. Deshalb sehen sie auch die damit assoziierten Götter in diesem negativen Licht, während für unsere Vorfahren Kriegsgötter eine wichtige Rolle spielten. Der Tod wird heute gefürchtet, vor allem in unserer Kultur, wo er häufig als Feind porträtiert wird, den es zu bekämpfen gilt.

Die meisten von uns haben den Tod so weit wie irgend möglich aus ihrer Wirklichkeit verdrängt. Wir ziehen die Tiere, die wir verzehren, nicht mehr selbst auf und schlachten sie nicht mehr selbst, und wir fürchten uns vor der Begegnung mit sterbenden Menschen. Selbst die Unterwelt der dunklen Götter – das Reich der Toten – wird von manchen Leuten als furchteinflößender, zu meidender Ort betrachtet, weil sie glauben, die Unterwelt als etwas Positives zu betrachten bedeute, den unvermeidlichen Tod des Selbst zu akzeptieren. Wir fürchten uns vor dem, was diese Götter repräsentieren, und deshalb fürchten wir uns auch vor ihnen.

Diese Sichtweise ist im Dualismus verwurzelt, einer Gottesvorstellung, die unseren heidnischen Vorfahren fremd war (jedenfalls den meisten). In diesem Entweder-Oder-Weltbild glaubt man, die Welt bestünde aus Gegensätzen und alles, was existiert, stünde im Konflikt mit seinem Gegenteil. Wer also an dunkle Götter glaubt, muss logischerweise auch an Lichtgötter glauben, denn wenn die dunklen Götter mit dem verbunden sind, wovor wir Angst haben, müssen die anderen Götter das repräsentieren, wovor wir keine Angst haben. Dieses Konzept erscheint mir sehr problematisch. Der Gegensatz zwischen diesen beiden Göttergruppen wirkt auf mich wie eine Art moderner göttlicher Beliebtheitswettbewerb oder ein Abbild des historischen Filterungsprozesses, bei dem die heidnischen Götter von Menschen aus einem fremden Kulturkreis bewertet und kategorisiert wurden.

Die Leute sagen, dunkle Götter würden hart und unerbittlich reagieren, wenn man sie verärgert oder missachtet – doch trifft das auf die anderen Götter weniger zu? Sehen wir nicht in der Mythologie, dass jede Gottheit höchst unerfreulich reagieren kann, wenn man sie erzürnt? Die Leute sagen, dass die dunklen Götter uns harte Lektionen erteilen – aber sind die Lektionen anderer Götter etwa leicht? Oder ist es nicht so, dass wir uns mit einer Heilgöttin einfach wohler fühlen als mit einer Kriegsgöttin, obwohl beide den gleichen Respekt verdienen?

Es stimmt, dass jene Götter, die für gewöhnlich als dunkel bezeichnet werden, für einige negative Interaktionen mit den Menschen bekannt sind, aber es gibt auch Beispiele für positive Interaktionen. Die nicht dunklen Gottheiten gelten entsprechend als sanft oder ungefährlich, und doch gibt es häufig Beispiele dafür, dass sie durchaus auch unseren Interessen zuwiderhandeln können oder diejenigen hart bestrafen, die ihren Zorn erregen.

Áine gilt als Sonnen- und Fruchtbarkeitsgöttin, und doch ist sie auch die Gemahlin Crom Cruachs, der jedes Jahr versucht, den Bauern ihre Ernte zu stehlen. Der Dagda ist ein Gott der Weisheit und Fülle, besitzt aber eine Keule, mit der er acht Männer auf einmal erschlagen kann. Damit meine ich, dass alle Götter komplexe Wesen sind, die sich nicht absolut oder in simpler Schwarz-Weiß-Malerei definieren lassen.

Wenn wir unsere Vorstellung von der Natur der Götter auf eine bestimmte Eigenschaft einengen, laufen wir Gefahr, dass uns wichtige Nuancen entgehen. Die Morrígan ist nicht nur eine Göttin des Krieges. Wer sich ausschließlich auf ihre Rolle als Kriegsgöttin fokussiert, wird dadurch blind für die Tiefe und Weite ihrer Macht und Persönlichkeit. Jede als dunkel bezeichnete Gottheit ist komplex und vielschichtig und entzieht sich einer einfachen Kategorisierung. Wenn man es trotzdem versucht, reduziert man sie zur Karikatur.

Ich beschäftige mich mit mehreren Gottheiten, die als dunkel definiert werden, und doch betrachte ich sie nicht auf diese Weise – sie sind einfach die Götter, deren Ruf ich folge und deren Kräfte ich in meinem Leben als segensreich empfinde. Wie kann ich sie also dunkel nennen, angesichts all der Implikationen dieser Bezeichnung, wo sie mir doch mit ihren Kräften in meinem Leben eine solche Stütze sind und immer wieder meine Gebete erhören? Wie könnte ich je Menschen raten, nicht zu diesen Göttern zu beten oder sie gar zu fürchten, wenn sie mir so viel Gutes tun? Gewiss verdienen sie es, dass wir uns ihnen mit Respekt nähern, aber das gilt für die

Morrígan nicht mehr oder weniger als für Brighid. Und wenn wir bei einer Gruppe von Göttern derart betonen, sie zu fürchten und im Umgang mit ihnen vorsichtig zu sein, laufen wir dann nicht Gefahr, im Umgang mit den anderen nachlässig und unachtsam zu werden?

Ich werde die Götter künftig nicht mehr auf diese Art einteilen. Ich werde allen, zu denen ich bete, den gleichen Respekt entgegenbringen und sie mit der gleichen gebotenen Vorsicht behandeln. Ich werde mich davor hüten, mit den »hellen« Göttern allzu leichtfertig umzugehen und gegenüber den »dunklen« Götter zu ängstlich zu sein. Denn ich habe inzwischen erkannt, dass jede individuelle Gottheit dunkle und lichte Eigenschaften aufweist, positive und negative Seiten hat.

Menschen, die gerade damit beginnen, die Morrígan für sich zu entdecken, empfehle ich sehr, darüber nachzudenken, was die Bezeichnung »dunkle Göttin« für sie bedeutet. Wenn Sie merken, dass die Verbindung der Morrígan zu Krieg und Kampf ihnen Angst macht, sollten Sie einmal darüber nachdenken, warum sie diese Gefühle in Ihnen auslöst. Falls Sie diese Göttin ausschließlich mit Tod und Blut in Verbindung bringen, sollten Sie sich fragen, warum sie den anderen Aspekten der Morrígan ausweichen? Und wenn Sie umgekehrt nur diese anderen Qualitäten anerkennen und die harten Aspekte ihres Wesens ablehnen oder ignorieren, sollten Sie sich fragen, warum Sie sich vor der Kraft der Morrígan fürchten. Wenn wir uns anschauen, welche Gefühle sie in uns auslöst, und zu verstehen versuchen, warum wir so empfinden, kann uns das enorm helfen, eine stärkere Verbindung zu ihr aufzubauen.

MIT DER MORRÍGAN »ARBEITEN«

Im Neuheidentum sagen die Leute gerne, dass sie mit bestimmten Göttern »arbeiten«. Damit meinen sie eigentlich, jedenfalls meistens, dass sie diese Götter verehren und zu ihnen beten oder dass sie sich an sie wenden, wenn es um eine Angelegenheit geht, für die diese Gottheit ihrer Ansicht nach zuständig ist. Unter Rekonstruktionisten gilt es meiner Erfahrung nach als respektlos, wenn man sagt, dass man mit einer Gottheit arbeitet, denn schließlich sehen wir in den Göttern nicht einfach Projektpartner. Wir betrachten sie als Schutzmächte, vielleicht Führer, aber nicht als Partner in dem Sinne, wie man einen Menschen betrachten würde, mit dem man zusammenarbeitet. Es besteht hier also ein interessanter semantischer Unterschied zwischen den beiden Denkansätzen eines neuen Heidentums. Im Neopaganismus ist die Formulierung »mit den Göttern arbeiten« allgemein gebräuchlich, ohne dass von ihnen jemand daran Anstoß nimmt. Im religiösen Verständnis der Rekonstruktionisten dagegen wird er selten gebraucht und wenn doch, löst er Diskussionen aus, weil er unhistorisch ist oder als blasphemisch gilt. Nach Ansicht vieler Neuheiden ist dagegen das Wesen der Götter so beschaffen, dass sie bereit sind, uns ohne jede Gegenleistung zu helfen. Es genügt, wenn wir sie einfach darum bitten. Die Rekonstruktionisten sind da anderer Meinung und glauben, dass unsere Beziehung zu den Göttern auf Leistung und Gegenleistung beruht, also einem ausgewogenen Geben und Nehmen.

Ich glaube, dass die Arbeit mit einer Gottheit mehr dem rekonstruktionistischen Ansatz einer Beziehung zwischen einem Patron und seinen Gefolgsleuten entspricht. Dabei versichert man sich durch Opfergaben und Gebete der Hilfsbereitschaft und des Wohlwollens der Gottheit und benennt klare Ziele, die man mit ihrer Hilfe erreichen will. Allerdings geht die Beziehung über das Verhältnis zwischen einem Patron und seinen Leuten dann doch noch ein Stück hinaus, ist persönlicher, fordernder und intensiver – und ich rate dringend dazu, dafür ein klares Zeitlimit zu setzen! Der Wert einer solchen Beziehung zu einer Gottheit, bei der wir ihr uns anvertrauen und uns auf dieser Ebene von ihr helfen lassen, ist eine der tiefgreifendsten Erfahrungen überhaupt, und wir können auf diese Weise Ziele verwirklichen, die für uns sonst unerreichbar wären. Natürlich nur unter der Voraussetzung, dass Sie bereit sind, den notwendigen Preis zu zahlen.

Nach meiner Erfahrung kommen viele Leute anfangs in der Absicht zur Morrígan, mit ihr nicht im rekonstruktionistischen, sondern im neuheidnischen Kontext zu arbeiten. Natürlich trifft das nicht auf alle zu, denn manche Menschen entscheiden sich von Anfang an dafür, sie spirituell zu verehren, ohne mit ihr arbeiten zu wollen. Aber bei den meisten ist es so. In manchen Fällen wendet sich ein Mensch nicht aus eigenem Antrieb der Morrígan zu, sondern sie ist es, die sich in seinem Leben bemerkbar macht. Mitunter verfolgt sie dabei eine bestimmte Absicht und verschwindet wieder, wenn die Angelegenheit erledigt ist. In anderen Fällen kommt sie, um zu bleiben. Eines sollten wir uns klarmachen: Hat man eine Gottheit einmal in sein Leben eingeladen, weiß man nie, wie diese Beziehung sich entwickeln wird. Es kommt auch vor, dass jemand einen Gott oder eine Göttin einlädt, ehrt, ihm oder ihr opfert, aber es erfolgt keinerlei Reaktion.

Es gibt viele Gründe, warum jemand vorübergehend der Morrígan huldigen oder mit ihr arbeiten möchte. Es gibt den sehr alten Glauben, dass eine Gottheit das, was sie gibt, auch wieder wegnehmen kann. Zur Morrígan, die Schrecken, Blutdurst/Kriegsraserei und Wahnsinn bringt, könnte man demnach beten – oder mit ihr arbeiten –, wenn man sich Linderung und Abhilfe bei den genannten Situationen oder Zuständen wünscht. Als Souveränitätsgöttin, besonders in Gestalt Machas, kann man mit ihr arbeiten, wenn man sein Selbstwertgefühl und sein Durchsetzungsvermögen stärken möchte. Als Göttin der Weissagung kann auch ein Mensch sie um Hilfe bitten, der seine Fähigkeiten auf diesem Gebiet entwickeln möchte.

Wenn Sie sich dafür entscheiden, mit ihr zu arbeiten, statt nur zu ihr zu beten, empfehle ich, dass Sie sich selbst dafür ein Zeitlimit und strikte Arbeitsregeln setzen. Überlegen Sie im Voraus, welchen Preis Sie für die Hilfe der Göttin zu zahlen bereit sind, und seien Sie sich bewusst, dass die Morrígan sich diesen Preis auf jeden Fall holen wird.

MODERNE ALTÄRE

Wenn Sie Verbindung zu einer Gottheit aufnehmen wollen, besteht einer der ersten Schritte darin, für sie einen Altar herzurichten. Der Altar dient als Fokuspunkt für die Anbetung oder Arbeit mit der Gottheit. Es ist ein Ort, wo Sie Opfergaben darbieten, beten und die Verbindung zu dem Gott oder der Göttin erleben. Manchmal wird ein solcher Altar zu einer dauerhaften Einrichtung, manchmal wird er nur vorübergehend genutzt. Doch in jedem Fall ist er ein wichtiges Hilfsmittel, um einen sinnlich erfahrbaren Raum für die Kommunikation mit unseren Göttern zu erschaffen.

Wie ein moderner Altar ausgestattet wird und wie man ihn nutzt, kann stark variieren. Je nach Tradition und Glaubensrichtung gibt es bestimmte Regeln oder Erwartungen, wie ein Altar gestaltet werden soll. Die meisten Altäre, die ich gesehen habe, sind mit heiligen Bildern, Kerzen und einen Platz oder einer Schale für Opfergaben bestückt, aber auf manchen finden sich noch andere Gegenstände und rituelle Werkzeuge in großer Vielfalt. Ich selbst neige dazu, meine Altäre sehr aufwendig zu gestalten. Ich dekoriere sie mit vielen Dingen, die mir wichtig sind, aber ich habe auch schon Altäre gesehen, die lediglich aus einer Kerze und einem Räuchergefäß bestehen.

Es ist etwas sehr Persönliches, einen Altar für die Morrígan herzurichten, sei es für Anu oder eine der anderen Morrígans. Es sollte sich darin widerspiegeln, wie Sie persönlich diese Gottheit verstehen, die Sie mit Hilfe des Altars kontaktieren und ehren wollen. Generell kann man aber sagen, dass sich Bilder eignen, die im Zusammenhang mit der Göttin stehen, sowie Dinge, die bezogen auf sie eine symbolische Bedeutung besitzen. Bei Anu können das zum Beispiel Statuen der Tiere sein, deren Gestalt sie annimmt. Bei Macha kommen hier Pferde und Krähen in Frage, bei Badb Krähen und Raben. Auch Statuen der Morrígan selbst eignen sich natürlich vortrefflich. Es sind einige sehr gute erhältlich, zum Beispiel von Dryad Designs und Sacred Source. Sie können auch aus Ton oder anderem Material Ihre eigenen Statuen anfertigen oder die Göttin oder ihre Tiere selbst zeichnen oder malen. Außerdem schmücken viele Menschen ihre Altäre mit Schwertern, Speeren oder Messern, mit Objekten, die Flüsse oder Hügel symbolisieren, und manchmal mit Kesseln.

Der Altar ist Ihr Ort, an dem Sie Verbindung mit Ihren Göttern aufnehmen und sie anbeten. Deshalb sollte er für Sie ansprechend gestaltet sein, so dass er Ihnen gute Dienste leistet.

GEBETE, MEDITATION UND OPFERGABEN FÜR DIE MORRÍGAN

Ein weiterer Weg, eine Beziehung zur Morrígan aufzubauen oder zu festigen, sind regelmäßige Gebete, Meditationen und Opfergaben. Ich habe herausgefunden, dass es für mich persönlich sehr wichtig ist, dies regelmäßig zu praktizieren, und bin überzeugt, dass Sie in jedem Fall auch davon profitieren werden, unabhängig davon, welchem spirituellen Weg Sie folgen. Gebet, Meditation und Opfer ermöglichen uns, aktiv mit den Göttern zu interagieren. Zu beten heißt, mit den Göttern zu sprechen, Meditation heißt, ihnen zuzuhören, und Opfergaben sind ein Weg, für die Segnungen in unserem Leben zu danken.

Den bisherigen Kapiteln habe ich zahlreiche Gebete beigefügt, die Sie verwenden können. Sie können aber auch Ihre eigenen Gebetstexte schreiben. Die Leute trauen sich oft nicht recht, eigene Gebete zu verfassen, aber nur Mut: Versuchen Sie es. Dass Sie aufrichtig aus Ihrem Herzen sprechen, zählt viel mehr als wunderschöne Gebete aufzusagen, ohne wirklich mit dem Herzen dabei zu sein. Wenn Sie unsicher sind, wie Sie ein Gebet formulieren sollen, können Sie der allgemeinen Regel folgen, die Gottheit, zu der Sie beten wollen, mit Namen anzusprechen, etwas über das Wesen dieser Gottheit zu sagen und den Grund zu nennen, warum Sie zu ihr beten. Ein Beispiel:

Morrígan, Kriegsgöttin,
Mutter der wilden Krieger,
Anstifterin von Rinderdiebstählen,
möge ich meine Wildheit entdecken,
möge meine Leidenschaft geweckt werden,
Morrígan, inspiriere mich dazu,
meine Macht und Kraft zu entfalten!
So sei es!

Es gibt viele Formen der Meditation. Man kann einfach innerlich ruhig werden und sich dafür öffnen, Botschaften zu empfangen. Es gibt geführte Meditationen,[7] und Sie können intensive spirituelle innere Reisen praktizieren. Dabei kommt es vor allem darauf, dass Sie regelmäßig meditieren und sich dabei innerlich öffnen und zuhören. Meine tägliche Meditationspraxis beschränkt sich oft darauf, im Gehen zu meditieren. Dabei kläre ich meinen Geist und höre einfach auf Botschaften. Das genügt wirklich als tägliche Praxis, aber natürlich sind auch fester strukturierte Meditationstechniken gut. Die Idee dabei ist einfach, dass wir uns innerlich dafür öffnen, die Götter zu hören, wenn sie zu uns sprechen, während wir beim Beten selbst sprechen, und die Götter uns (hoffentlich!) zuhören.

Hier ist ein Beispiel für eine recht einfache geführte Meditation, mit der Sie Kontakt zur Morrígan herstellen können:

Sorgen Sie dafür, dass Sie ungestört sind, und setzen Sie sich bequem hin. Atmen Sie ein paar Mal langsam und tief. Schließen Sie die Augen.

Sehen Sie sich im Sonnenschein auf einem Pfad durch einen dichten Wald gehen. Die Strahlen brechen sich im Laub der Bäume. Sie entdecken vor sich eine Lichtung und gehen darauf zu. Diese Lichtung ist kreisrund. Sie betreten die offene, von Bäumen gesäumte Fläche. Es ist windstill, und Sie hören keinen Laut. Es kommt Ihnen so vor, als würde die Welt den Atem anhalten.

Nun tritt eine Gestalt aus dem Wald und kommt auf Sie zu – es ist eine der Morrígans. Schauen Sie sich die Gestalt genau an – wie erscheint sie Ihnen? Die Göttin sagt, wie sie heißt, und hat eine Botschaft für Sie. Seien Sie achtsam und öffnen Sie sich für diese Botschaft.

Wenn die Morrígan sich abwendet und davongeht, drehen auch Sie sich um und gehen auf dem Pfad, auf dem Sie hergekommen sind, zurück durch den Wald. Der Wald wird immer dichter, während Sie vorwärtsgehen. Es wird dunkler, immer dunkler ...

Atmen Sie einige Male tief durch. Fühlen Sie, dass Sie wieder völlig in Ihren Körper zurückgekehrt sind. Bewegen Sie Finger und Zehen, strecken Sie sich. Wenn Sie bereit sind, öffnen Sie die Augen.

Opferrituale spielen für die Rekonstruktionisten eine wichtige Rolle, während sie in anderen Zweigen des Heidentums für weniger wichtig oder sogar für völlig überflüssig gehalten werden. Ich glaube aber aufrichtig, dass Menschen aller Glaubensrichtungen von Opferritualen profitieren können. Ein Opfer ist alles, was wir auf heilige Weise den Göttern oder Geistern darbringen. Das können physische Objekte wie Lebensmittel, Weihrauch oder Edelsteine seine, aber auch Nicht-Materielles wie Lieder, Gedichte oder Energie.

Die Morrígan ist außerdem dafür bekannt, dass sie es zu schätzen weiß, wenn wir ihr eine kleine Menge unseres eigenen Blutes opfern, aber auch Schwerter oder Silber. Dabei kommt es vor allem auf unsere Absichten an. Ein Opferritual sollte niemals unachtsam oder in Eile durchgeführt werden, sondern stets auf heilige Weise. Dabei können Sie laut sprechen, zum Beispiel ein Gebet, sich aber auch still auf das konzentrieren, was Sie tun. Achten Sie darauf, das Opfer als heilige Handlung zu vollziehen: Nehmen Sie sich genug Zeit, seien Sie respektvoll und konzentriert. Und geben Sie stets aufrichtig und mit ganzem Herzen, ganz gleich, ob es sich um eine kleine Gabe oder etwas Großes handelt.

Generell sollten Sie die Opfergaben in einer Opferschale auf Ihrem Altar darbringen oder sie draußen in der Natur an einem geeigneten Ort zurücklassen. Wenn Sie draußen opfern, achten Sie darauf, dass Sie während des Rituals nicht von anderen Menschen gestört werden und dass das, was Sie als Opfer zurücklassen, nicht schädlich für die dort lebenden Tiere und Pflanzen ist.

Materielle Opfergaben können vergraben oder verbrannt werden. Im alten Irland und in anderen keltischen Regionen war es Brauch, dass man die Opfergaben ganz real »tötete«, indem man sie zerbrach oder auf andere Weise zerstörte, damit sie nie wieder von Menschen benutzt werden konnten. Auf diese Weise schenkte man sie ganz und gar den Göttern.

So können wir es auch heute praktizieren.

JAHRESZEITLICHE FESTE

Neben den zuvor beschriebenen Methoden besteht eine andere sehr gute Möglichkeit, Verbundenheit zur Morrígan aufzubauen, darin, jahreszeitliche Rituale für sie zu feiern. Natürlich können Sie sie an jedem Feiertag ehren, aber es gibt bestimmte Tage, an denen sie eine besondere Verbindung zu ihr haben.

Nutzen Sie Ihre Fantasie, um zu entscheiden, wie Sie die Morrígan in ihre persönlichen Jahresfeste integrieren können. Hier sind einige Bezüge der Göttin zu verschiedenen Festtagen:

- **Bealtaine** war der Tag, an dem die Götter nach Irland kamen, und in manchen Versionen war es der Tag, an dem die Morrígans Magie gegen die Formoren einsetzten. Es ist eine gute Zeit, um die Morrígans als Hexen, Zauberinnen oder Druidinnen zu feiern.
- **Mittsommer** war der Tag des Kampfes der Götter gegen die Fir Bolg. Das *Cath Maige Tuired* ist die Schlacht, bei der Badb erwähnt wird, weshalb es angemessen ist, an diesem Tag Badb zu ehren.
- **Lughnasa** wird mit Macha assoziiert. In Machas Ritualzentrum Emain Macha fanden in dieser Zeit Festlichkeiten statt, um Macha als Souveränitäts- und Landgöttin zu feiern.
- **Samhain** wird mit der zweiten Schlacht von Maige Tuired assoziiert. In dieser Zeit hatte der Dagda eine Liebesnacht mit der Morrígan. Das ist also ein guter Zeitpunkt,

um diese Geschichte zu erzählen und die Morrígan als Königin der Toten oder Babd in ihrer Rolle als Prophetin zu feiern und zu ehren.

- ↬ Der **Mittwinter** kann aller Wahrscheinlichkeit nach mit Grian assoziiert werden, die wiederum eine starke Verbindung zu Macha hat.

KELTISCHE WEISSAGEKUNST MIT BADB REKONSTRUIEREN

Ich betrachte das Weissagen als festen Bestandteil meiner spirituellen Praxis, weil Omen für mich ein wesentliches Element der Rituale sind. Auch behalte ich die irische Dreiheit im Blick: »Drei Zeichen der Weisheit: Geduld, Nähe, die Gabe der Weissagung.« (Meyer, 1906) In meinem Buch *Where the Hawthorn Grows* [Wo der Weißdorn wächst] beschreibe ich meine Herangehensweise an die irische Weissagekunst, erzähle aber nicht, auf welche Weise ich diese Kunst selbst praktiziere. Deshalb möchte ich an dieser Stelle berichten, wie ich für mich die drei Methoden der irischen Wahrsagekunst rekonstruiert habe und praktiziere und wie das mit meiner Praxis der Morrígan-Verehrung zusammenhängt.

In den alten irischen Texten werden drei spezifische Wahrsagemethoden beschrieben: *imbas forosnai* – »Wissen manifestieren«, *tenm laida* – »Erleuchtung durch Lieder« und *dichetal do chennaib* – »improvisierte Dichtkunst« (Matthews,

J., 1999). Jeder dieser Methoden haftet etwas Mysteriöses an, und es erfordert Recherche und Inspiration zugleich, um sie im modernen Kontext nutzbringend anwenden zu können. Dennoch bin ich überzeugt, dass es möglich ist, sie auf effektive Weise zu rekonstruieren.

Beim *imbas forosnai* wird Fleisch zubereitet und gegessen – historisch war das Schwein, Katze oder Hund, heute Schwein. Dann wird unter speziellen Gesängen den Göttern geopfert. Anschließend legt man sich hin, bedeckt seine Augen mit den Händen und schläft oder meditiert ungestört bis zu drei Tage lang, um Wissen oder eine Antwort zu empfangen. Eine wohlbekannte Variante ist das *tarbh feis*. Dabei wird ein Stier geopfert, sein Fleisch verzehrt, und anschließend meditiert man, in die Haut des geschlachteten Tieres gehüllt, ebenfalls, um eine Botschaft der Götter zu empfangen. Die Praxis, sich gehüllt in einen Mantel oder Umhang in einen dunklen Raum zurückzuziehen, um Inspirationen zu empfangen – meines Erachtens eine spätere Variante des *imbas forosnai* –, war in den schottischen Highlands noch vor wenigen Jahrhunderten bekannt (Bell, 1703).

Für die moderne spirituelle Praxis verwende ich zwei Versionen dieser Methode. Die erste ähnelt der schottischen: Ich lege mich in einem abgedunkelten Raum hin, unter einem Umhang oder einer Decke, bedecke meine Augen, versetze mich in eine meditative Trance und konzentriere mich dabei auf eine Frage, die mich beschäftigt. Die zweite Variante orientiert sich stärker an den älteren Beschreibungen des *imbas forosnai* und erfordert

mehr Zeitaufwand und Vorbereitung. Es beginnt mit der Zube-
reitung von Schweinebraten. Im ursprünglichen Ritual wurde
das Fleisch roh verzehrt, aber entsprechend unseren heutigen
Gewohnheiten und aus Sicherheitsgründen brate ich das Fleisch.
Ein Teil des Bratens wird rituell Badb[8] geopfert, an die ich mich
bei Wahrsageritualen wende, einen Teil esse ich selbst. Es gibt
einige spezielle Gebete, die ich dabei für Badb spreche. Wenn ich
das Fleisch gegessen habe, ziehe ich mich an einen ruhigen Ort
zurück, wo ich ungestört bin, und bete:

Badb, die sehen kann, was sich noch nicht ereignet hat,
die nach der Schlacht zwischen Túatha Dé und
   Formoren
die große Prophezeiung verkündete,
Badb, die einen großen Frieden ankündigte
und das Ende von allem,
hilf mir jetzt zu sehen, was ich sehen muss,
um die Antwort auf meine Frage zu finden,
öffne mir das Tor zu meiner Antwort.

Anschließend lege ich mich bequem hin und bedecke meine
Augen mit den Händen. Um mich in Trance zu versetzen, chante
ich noch mehrmals hintereinander:

Badb, Göttin der Prophezeiung,
lasse mich Vergangenheit und Zukunft sehen,
enthülle mir die Wahrheit dessen, was ist,

lasse mich finden, wonach ich suche,

und diese Wahrheit aussprechen.

Badb, ermögliche es mir,

zu sehen, zu wissen, zu sprechen,

zu prophezeien, was war,

was ist und was sein wird.

Badb, Göttin der Weissagung,

so sei es.

Wenn ich dieses Gebet mehrfach wiederhole, falle ich schließlich in Trance und empfange die Antwort. Manchmal empfange ich die Antwort in Form von Worten, als direkte, klare Botschaft, manchmal empfange ich Bilder.

Tenm laida war offenbar, so wie es in den alten Sagen beschrieben wird, eine Art leichte Trance, in die eine Person sich versetzte, um spezifische Fragen zu beantworten, wobei sie häufig den Gegenstand, um den es in der Frage ging, unmittelbar mit der Hand berührte, oder manchmal steckte man sich dabei auch die Fingerspitzen oder den Daumen in den Mund, so wie es in den Geschichten über Finn mac Cool geschieht.

In manchen Geschichten wird die Methode genutzt, um in die Vergangenheit zu schauen oder einen Leichnam zu identifizieren. In der Mythologie verwenden Scáthach und Fidelm die Methode, um Fragen über die Zukunft zu beantworten (Matthews, J., 1999). Diese Methode erinnert mich stark an Psychometrie, und meine eigene Version ähnelt dieser modernen Technik. Die christliche Kirche verbot *imbas forosnai* und *tenm laida* als »Götzenanbetung«. Also beginne ich, wenn ich *tenm laida* praktiziere, mit einem kurzen Chant für die Götter und Geister, der auf meiner Version eines Auguren-Zauberspruchs beruht:

Götter über mir, Götter unter mir,
Götter vor mir, Götter hinter mir:
Wahrheit erkennen, frei von jedem Irrtum,
damit ich wirklich alles sehe, was ich suche.
Gute Geister und Götter des Lebens!
Lasst mich alles sehen, was ich suche,
lasst mich die Wahrheit erkennen
und die Wahrheit sprechen!

Dann berühre ich entweder den Gegenstand, um den es geht, oder lege die Hände auf meinen Mund und öffne mich für die Botschaft. Diese Methode braucht natürlich auch einige Erfahrung, um sie mit Erfolg einzusetzen, aber sie ist unkompliziert und macht viel Freude, so dass man sie auch sehr gut zum Üben nutzen kann. Im Gegensatz dazu erfordern die beiden anderen Methoden aufwendigere Rituale und eine tiefere Trance und können deshalb nicht mal eben auf die Schnelle eingesetzt werden.

Der eigentliche Trick bei *tenm laida* besteht darin, sich für die Eindrücke und Informationen zu öffnen, die sich einstellen, wenn wir klare, konkrete Fragen stellen. Dabei kann die Tendenz auftreten, sich Tagträumen hinzugeben. Oder man ist so selbstkritisch, dass man sich nicht genug entspannen kann, um Botschaften zu empfangen.

Die dritte Methode, *dichetal do chennaib*, ähnelt scheinbar *tenm laida*, erfordert aber eine tiefere Trance und das laute Rezitieren spontan improvisierter Verse, um auf diese Weise Antwort auf eine Frage zu erhalten. Vielleicht handelt es sich bei der Prophezeiung der Morrígan um die Anwendung dieser Methode. *Dichetal do chennaib* wurde nicht verboten, weil dabei keine heidnischen Götter oder Geister angebetet wurden. Man betrachtete es vielmehr als Bestandteil der Dichtkunst. Das spontane, improvisierte Rezitieren von Versen beim *dichetal do chennaib* ist gar nicht so einfach und in sich eine eigene Kunstform.

Wenn ich diese Methode anwende, versetze ich mich in Trance und warte ab, welche Antwort auf meine Frage zu mir kommt. Dann tue ich mein Bestes, diese Antwort in zusammenhängende, schlüssige Verse zu kleiden. Dabei verwende ich gerne eine Form, bei der das letzte Wort einer Zeile am Anfang der nächsten Zeile wiederholt wird, was der Antwort einen inneren Rhythmus verleiht.

Ich muss aber gestehen, dass ich diese Methode von den dreien am schwierigsten finde, weshalb ich sie seltener als die anderen einsetze.

DIE MORRÍGAN
IN MEINEM LEBEN

Meine erste unmittelbare Begegnung mit der Morrígan erlebte ich, als ich mich an sie, beziehungsweise die drei Morrígans, wandte und um Hilfe bei der Überwindung bestimmter Ängste und alter traumatischer Erfahrungen bat, von denen ich spürte, dass sie meine Entwicklung behinderten. Ich kannte den alten Glauben, wonach jene Gottheiten, die eine Sache bringen oder verursachen können, auch in der Lage sind, sie wieder zu beseitigen oder zu heilen. Deshalb wählte ich die drei Morrígans dafür aus, mir bei der Überwindung jener negativen Gefühle zu helfen, mit denen sie so stark assoziiert werden. Das tat ich auf äußerst naive Art und ahnte nicht, welche Konsequenzen es nach sich ziehen würde, aber heute, im Rückblick, bin ich sehr froh darüber, dass ich diesen Weg wählte. Ich sage, dass ich damals mit den Morrígans arbeitete, aber zutreffender ist wohl, dass sie mit mir arbeiteten – so wie eine Bildhauerin Ton formt.

Anders als bei der bekannten Dynamik der Verehrung einer Gottheit als Schutzpatron war hier ein viel direkterer, sozusagen »zupackender« Einfluss im Spiel, der sich mit keiner anderen Beziehung zu Göttern vergleichen lässt, die ich je erlebt habe. Für diese Beziehung zu den Morrígans zahlte ich einen hohen Preis, aber ich glaube, ich habe dadurch viel mehr erreicht, als es mir allein jemals möglich gewesen wäre. Daher denke ich, dass diese Art, mit den Göttern zu arbeiten, durchaus von Wert ist, solange man sie mit der richtigen Einstellung und einem klaren Wissen um die Konsequenzen betreibt.

Natürlich weiß ich es jetzt besser und empfehle, vorsichtig zu sein und sich nicht leichtfertig in ein solches Abenteuer zu stürzen. In meinem Fall verbrachte ich sechs Monate meines Lebens in völligem Chaos und wurde dazu gebracht, mich meinen größten Ängsten zu stellen, ganz real, auf eine Art und Weise, die meine Persönlichkeit auf mehr als einer Ebene in höchstem Maße umformte. Die Veränderungen, die damals bewirkt wurden, haben auch heute, mehr als fünfzehn Jahre später, immer noch Bestand. Durch diese »Arbeit« mit den Morrígans wurde ich ein anderer Mensch.

Schlusswort

Die Morrígan ist in vielen Gestalten in der heutigen Welt aktiv. Sie sucht Menschen – nicht nur Krieger, sondern viele unterschiedliche Menschen –, die bereit sind, zu ihr zu beten, ihren Namen wieder erklingen zu lassen und ihr in der modernen Welt Verehrung entgegenzubringen. Sie ist eine mächtige Gottheit, so wie sie es immer war.

Wenn wir die historischen Überlieferungen betrachten, sehen wir, dass die Morrígan in vielen Sagen und Geschichten als Göttin in Erscheinung tritt, die Kriege anstiftet und die Krieger in der Schlacht antreibt und anfeuert. Sie schürt Konflikte und weissagt, wie Schlachten ausgehen. In manchen Fällen mischt sie sich auch unmittelbar ins Geschehen ein und bietet einer Seite den Sieg an, wenn man bereit ist, den von ihr geforderten Preis zu zahlen. In anderen Fällen hilft sie der von ihr begünstigten Partei, deren Sieg sicherzustellen. Sie ist eine Göttin der Strategie, die weit vorausplant und den Lauf der Ereignisse so manipuliert, dass die von ihr gewünschten Resultate eintreten.

Sie wird mit vielen Tieren in Verbindung gebracht, aber vermutlich mit keinem so sehr wie mit Rindern und Krähen, die in vielen Geschichten um die Morrígan eine wichtige Rolle spielen. Sie ist vor allem eine Göttin des Krieges, aber Krieg eben so, wie die alten Iren ihn verstanden: »… in ihren vielen Gestalten verkörpert sie … *crech* (Krieg): Ruhm und Entsetzen, Gemetzel, edle Schönheit, Plünderungen, das Gefühl tödlicher Schicksalhaftigkeit, Lärm, rasende Wut.« (Gulermovich Epstein, 1998)

Und da sind noch die Schwestern der Morrígan, Macha und Badb, komplexe Göttinnen mit eigenem Wesen, die ebenfalls den Titel Morrígan tragen. Während die Morrígan besonders stark mit Rindern assoziiert wird, sind es bei Macha Pferde und bei Badb Krähen; alle drei gemeinsam weisen eine starke Verbindung zu Krähen und Raben auf. Macha ist eine Souveränitäts-, Kriegs- und Landgöttin, Babd ist zuständig für Krieg, Weissagung und Schrecken. Alle drei Morrígans sind Kriegs- und Totengöttinnen, und wenn sie gemeinsam in Erscheinung treten, geschieht das meistens im Zusammenhang mit solchen Themen.

Neben diesen drei Morrígans gibt es mehrere andere Göttinnen, die mit dem Titel Morrígan bezeichnet oder im Zusammenhang mit ihr erwähnt werden. Dabei kann es sich auch um eine der Morrígans selbst handeln, das muss aber nicht der Fall sein. Um besser verstehen zu können, wer und was die Morrígan eigentlich ist, müssen wir auch verstehen, wer diese anderen Göttinnen sind und warum überhaupt eine Verbindung zu dem Titel Morrígan besteht. Es ist nicht einfach, sich in der Mythologie das komplexe Netzwerk der Beziehung zwischen den verschiedenen irischen Göttinnen anzuschauen und sich darüber klar zu werden, in welcher Beziehung sie zueinander stehen und, was noch wichtiger ist, wie bestimmte Namen, die gleichzeitig auch Titel sind, jeweils gebraucht werden. Ebenso können wir uns auch die verschiedenen Tiergestalten, in denen die Morrígan erscheint, und die symbolische Qualität der Tiere anschauen, um die Vielschichtigkeit dieser Göttin besser zu verstehen.

Eine Beziehung mit der Morrígan ist ein lebenslanger Prozess. Ihre Geschichte kennenzulernen und ihren Platz in der Mythologie zu verstehen, ist ein Schritt. Zu lesen, welche Erfahrungen ein anderer Mensch mit ihr gemacht hat, ist ein weiterer Schritt, ebenso wie das Einrichten eines Altars oder Schreines und regelmäßiges Beten zu ihr. Doch der nächste Schritt besteht darin, dass Sie sich auf eigene Erfahrungen mit dieser Göttin einlassen. Wenn die Morrígan Sie ruft, dann ist es an Ihnen, das, was Sie in diesem Buch erfahren haben, anzuwenden und Ihre eigene Beziehung zu ihr zu erschaffen.

Seien Sie kühn. Seien Sie mutig. Seien Sie ihr Rabe.

Anmerkungen

1. Bei Anu, Anand und Anann handelt es sich um den gleichen Namen, genauso bei Danu, Danand und Danann. Die Endungen -u und -nn zeigen im Gälischen den Fall an. Außerdem änderte sich die altirische Endung -nd später zu -nn.
2. Das Verbot, über die Natur einer Gemahlin oder eines Gemahls aus der Anderswelt zu sprechen, ist ein häufiges Motiv in Feengeschichten. Generell müssen die weltlichen Ehepartner der Feen bestimmte Gebote beachten. Bei einem Verstoß dagegen kehrt die Fee sofort in die Anderswelt zurück.
3. Im Originaltext bei O'Rahilly steht hier das Wort »halidom«, das »Heiligtum« bedeutet.
4. Beannighe – eine Fee des Typs »Wäscherin an der Furt«.
5. In der englischen Fassung des *Lebor Gabala Erenn* steht an dieser Stelle »versicles«. Dabei handelt es sich um kurze Lieder oder Ritualgesänge.
6. Danu stammt von der keltischen Wurzel Danu(w)yo ab, hergeleitet vom proto-indoeuropäischen Wort Danu, das Fluss bedeutet (Harper, 2014).

7. Ich empfehle die Buchreihe von Michelle Skye: *Goddess Alive*, *Goddess Afoot* und *Goddess Aloud*. Darin finden Sie einige gute geführte Meditationen, von denen sich mehrere mit den Morrígans beschäftigen.

8. Nachdem das Fleisch auf dem Altar geopfert wurde, bringe ich es nach dem Ritual ins Freie und lege es den Krähen zum Fressen hin.

Danksagung

Ich möchte allen danken, die mich zu diesem Buch inspirierten, besonders den wunderbaren Menschen von Morrigu's Daughters – natürlich nicht nur den Töchtern, sondern auch den Söhnen.

Dank an Stephanie, Mayra und Natalie dafür, dass ihr mir geholfen habt, Freude im Dienen zu entdecken, und an Melody von der Pine Cabin Crew, weil sie es mir ermöglichte, die Morrígan mit anderen Augen zu sehen.

Ich danke außerdem Ed, Michelle, Gina, Dawn, Jenna und allen anderen Mitwirkenden des Retreats »Morrigan's Call«. Maya danke ich für konstruktive Kritik und Allison für hilfreiche Anregungen.

Ich danke meinem Mann Scott und meinen Kindern Amara, Paige und Terence dafür, dass ihr mich beim Scheiben durch Liebe und Rückenmassagen unterstützt habt – und durch das Erzwingen von Computer-Pausen.

Eure Morgan

Bibliografie

Anderson, G. (2008): *Birds of Ireland – Facts, Folklore & History.*

Banshenchas (undatiert): *Book of Leinster.* Auf http://www.mary-jones.us/ctexts/banshenchus.html.

Bell, M. (1703): *A Description of the Western Isles of Scotland.*

Berresford Ellis, P. (1987): *A Dictionary of Irish Mythology.*

Bonevisuto, N. (2014): *By Blood, Bone and Blade – A Tribute to the Morrígan.*

Chadwick N. (1935): *Imbas Forosnai.* Auf http://search-ingforimbas.blogspot.com/p/imbas-forosnai-by-nora-k-chadwick.html.

Clark, R. (1990): *The Great Queens – Irish Goddesses from the Morrígan to Cathleen Ni Houlihan.*

Coe, E. (1995): *Macha and Conall Cernach – A Study of Two Iconographic Patterns in Medieval Irish Narrative and Celtic Art.*

Cross, T., und H. Slover (1936): *Ancient Irish Tales.*

Electronic Dictionary of the Irish Language, eDIL (undatiert): Auf http://edil.qub.ac.uk/dictionary/search.php.

Fraser, J. (1915): *The First Battle of Moytura.*

Gray, E. (1983): *Cath Maige Tuired.*

Green, M. (1992): *Animals in Celtic Life and Myth.*

Green, M. (1992): *Dictionary of Celtic Myth and Legend.*

Gregory, A. (1904): *Gods and Fighting Men.*

Gulermovich Epstein, A. (1998): *War Goddess – The Morrígan and her Germano-Celtic Counterparts.* Elektronische Version, September 1998, #148. Auf http://web.archive.org/web/2001 0616084231/members.loop.com/~musofire/diss/.

Gwynn (1924): *The Metrical Dindshenchas.*

Harper, D. (2014): *Danube.* Auf http://www.etymonline.com/index.php?term=Danube&allowed_in_frame=0.

Heijda, K. (2007): *War Goddesses, Furies and Scald Crows.* University of Utrecht.

Hennessey, WM (1870): *The Ancient Irish Goddess of War.* Auf http://www.sacred-texts.com/neu/celt/aigw/index.htm.

Jones, M. (2014) *Aided Conculaind.* Auf http://www.maryjones.us/ctexts/cuchulain3.html.

Jones, M. (2009): *Anu.* Auf http://www.maryjones.us/jce/anu.html.

Jones, M. (2008): *Macha.* Auf http://www.maryjones.us/jce/macha.html.

Jones, M. (2014): *Táin Bó Regamna.* Auf http://www.maryjones.us/ctexts/regamna.html.

Keating, G. (1908): *The History of Ireland.* Auf http://www.ucc.ie/celt/online/T100054/.

Koch, J. (2005): *Celtic Culture, a Historical Encyclopedia.*

Kondratiev, A. (1998): *Danu and Bile – Primordial Parents?* Auf http://www.imbas.org/articles/danu_bile.html.

Lambert, K. (2014): *The Irish War Goddesses.* Auf http://dunsgathan.net/caithream/warGoddesses.html.

Macalister, R. (1941): *Lebor Gabala Erenn,* Volume IV.

MacCulloch, J. (1911): *The Religion of the Ancient Celts.*

MacCulloch, J. (1918): *Celtic Mythology.*

MacKillop, J. (1998): *Dictionary of Celtic Mythology.*

Matthews, J. (1999): *Celtic Seers Sourcebook.*

McCormick, F. (2008): *The Decline of the Cow – Agricultural and Settlement Change in Early Medieval Ireland.*

McNeill, M. (1962): *Festival of Lughnasa.*

Meyers, K. (1906): *The Triads of Ireland.* Auf http://www.ucc.ie/celt/online/T103006.html.

Monaghan, P. (2004): *An Encyclopedia of Irish Mythology and Folklore.*

O Donaill (1977): *Focloir Gaeilge-Bearla.*

O hOgain, D. (2006): *The Lore of Ireland.*

O hOgain, D. (1995): *Irish Superstitions.*

O'Rahilly, C. (2001): *Táin Bó Cúalnge Recension 1.* Auf http://www.ucc.ie/celt/published/T301012/index.html.

Puuvel, J. (1981): »Aspects of Equine Functionality".

Sjoestedt, M. (2000): *Celtic Gods and Heroes.*

Smyth, D. (1988): *A Guide to Irish Mythology.*

Squire, C. (2000): *The Mythology of the British Islands – An Introduction to Celtic Myth, Legend, Poetry and Romance.*

Stokes, W. (1891): *Second Battle of Moytura.*

Woodfield, S. (2011): *Celtic Lore & Spellcraft of the Dark Goddess – Invoking the Morrígan.*

Wright, T. (1913): *The Historical Works of Giraldus Cambrensis.*

Stimmen zum Buch

»*Die Morrígan* ist eine gut recherchierte, von einer Kennerin und Priesterin des keltischen Neuheidentums mit viel Liebe geschriebene Einführung in die Welt der Morrígan. Morgan Daimler, mit ihrem enormen Fachwissen und ihrer Begeisterung für diese Göttin, versorgt die Leserinnen und Leser mit historischen Fakten und berichtet von ihren persönlichen Erfahrungen mit dieser vielschichtigen Göttin. Eine ideale Lektüre für alle, die mehr über die Morrígan erfahren möchten.«

Stephanie Woodfield,
Autorin von *Spellcraft of the Dark Goddess*

»Morgan Daimler bietet uns hier eine Menge Informationen im handlichen Format. Ausgewogen kombiniert sie historische Informationen mit modernen Erkenntnissen und spirituellen Praktiken. Das macht das Buch ideal für Suchende und Neueinsteiger in die keltische Religion. Jedes Kapitel enthält sowohl die Ergebnisse ihrer Quellenrecherche als auch kurze Schilderungen ihrer persönlichen Erlebnisse. So entsteht eine ausgezeichnete und bei diesem Thema dringend notwendige Balance

zwischen Recherche und Praxis. Besonders gefiel mir der Abschnitt über ihre Erfahrungen mit der Rekonstruktion von Weissage-Techniken aus der Badb-Verehrung.«

Erynn Rowan Laurie,
Autorin von *A Circle of Stones and Ogam*

»Morgan versorgt uns mit soliden, gut recherchierten Informationen über die irischen Morrígans aus einigen der besten verfügbaren akademischen Quellen. Sie schreibt engagiert und sehr gut verständlich.«

Segomâros Widugeni,
Autor von *The Celtic Flame*

»Daimler bringt uns die vielen Gesichter dieser erstaunlichen Göttin auf sehr gut lesbare Weise nahe. Ihr kleines Buch ist so fesselnd geschrieben, dass ich es regelrecht verschlang.«

Elen Sentier,
Autorin von *Trees of the Goddess*

Morgan Daimler ist Bloggerin, Dichterin, Lehrerin für spirituelle Themen, Hexe und Priesterin der Daoine Maithe. Außerdem ist sie eine produktive heidnische Schriftstellerin und eine der weltweit führenden Expertinnen für alles, was mit Feen zu tun hat. Sie unterrichtet und schreibt über irische Mythen und magische Praktiken und hat bereits mehr als dreißig Bücher zu diesen Themen veröffentlicht. Aufsätze von ihr sind in einer Vielzahl von Zeitschriften und Anthologien erschienen. Sie hat auch Romane geschrieben, darunter eine Anzahl paranormaler Liebesromane und Urban Fantasy. Sie lebt in Connecticut, USA.

»Ich heiße Morgan Daimler. Seit 1991 bin ich eine Weiße Hexe und folge meiner Bestimmung, die auf dem mit neoheidnischer Hexerei vermischten Weg der Feen beruht. Ich liebe es, andere Wege und andere Lebensweisen zu studieren, und ich diskutiere gerne über Religion, Philosophie und Spiritualität mit Menschen aus den unterschiedlichsten Bereichen. Ich versuche in der heidnischen Gemeinschaft aktiv zu bleiben und bin immer daran interessiert, von den Erlebnissen anderer zu hören.«

https://www.facebook.com/MorganDaimler/
https://twitter.com/MorganDaimler
https://lairbhan.blogspot.com/

Morgan Daimler

IRLANDS GÖTTINNEN & GÖTTER

Alles über die Túatha Dé Danann und andere Gottheiten der Grünen Insel

AMRA Verlag, ISBN 978-3-95447-435-6
Softcover im Hardcover-Format, 144 Seiten
€ [D] 14,99; als eBook erhältlich!

Ein prägnanter Leitfaden zu den Göttern und Göttinnen des heidnischen Irlands, ihrer Geschichte und Mythologie.

Haben Sie das auch schon erlebt? Sie sind ein Irland-Fan und möchten etwas über die irische Mythenwelt nachschlagen, aber es gibt kein Buch, das Ihnen kurz und bündig erklärt, wer denn da eigentlich mit wem und warum zu welcher Zeit den Götterhimmel der Grünen Insel bevölkert hat. Uns ging es so und wir haben Abhilfe geschaffen – dank der großartigen Morgan Daimler, einer Expertin für das irische Heidentum.

Die Götter und Göttinnen Irlands, die in der Vergangenheit verwurzelt waren und heute noch in der Welt aktiv sind, waren schon immer mächtige Kräfte, die segnen oder herausfordern können. Bisher war es jedoch kaum möglich, einwandfreie Informationen über sie zu finden. Dieses großartig recherchierte Nachschlagewerk befasst sich mit einer Vielzahl irischer Gottheiten, benennt ihre Wurzeln und erläutert moderne Mythen, verbunden mit ihrer Würdigung – und das alles im Stil einer Enzyklopädie, die zum Schmökern einlädt.

Jederzeit bei uns erhältlich!
Jetzt bestellen auf www.AmraVerlag.de.

MORGAN DAIMLER

IRLANDS GÖTTINNEN & GÖTTER

Alles über die
Túatha Dé Danann und
andere Gottheiten
der Grünen Insel

AMRA

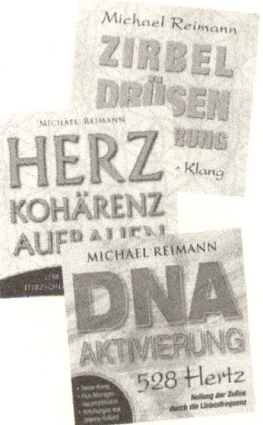